Manager
en temps de crise

Éditions d'Organisation
Groupe Eyrolles
61, bd Saint-Germain
75240 Paris Cedex 05

www.editions-organisation.com
www.editions-eyrolles.com

Maurice Thévenet

Manager
en temps de crise

EYROLLES

Éditions d'Organisation

Du même auteur

Audit de la culture d'entreprise, Éditions d'Organisation, 1986.

Impliquer les personnes dans l'entreprise, Éditions Liaisons, 1992.

Culture et Comportement, Vuibert, 1993 (avec Jean-Luc Vachette).

La Culture d'Entreprise, PUF, coll. « Que sais-je ? », 1993.

Le Plaisir de Travailler, Éditions d'Organisation, 2000.

Management, une affaire de proximité, Éditions d'Organisation, 2003.

Gestion des personnes : la parole aux DRH, Éditions Liaisons, 2004.

Quand les petits chefs deviendront grands, Éditions d'Organisation, 2004.

Patron et premier manager de mon entreprise, Éditions Gualino, 2006 (avec Bernard Touchebeuf).

Fonctions RH, 1re édition, Pearson Education, 2007 (avec Cécile Dejoux, Éléonore Marbot, Anne-Françoise Bender).

Les relations humaines. Alors, heureux ?, Éditions d'Organisation, 2008.

Le pouvoir. Le management est-il toxique ?, Éditions d'Organisation, 2008.

Les talents. Des étoiles brillantes aux étoiles filantes, Éditions d'Organisation, 2008.

Le travail. Je veux tout !, Éditions d'Organisation, 2008.

Les équipes. Le bonheur est dans les équipes, Éditions d'Organisation, 2008.

Le management. Pourquoi j'échoue ?, Éditions d'Organisation, 2008.

Fonctions RH, 2e édition, Pearson Education, 2009 (avec Cécile Dejoux, Éléonore Marbot, Étienne Normand, Anne-Françoise Bender).

Sommaire

Introduction 9

Partie I

Le contexte de la crise

Chapitre 1 **Une crise lourde aux multiples incidences** 17
    Une économie sinistrée 17
    Évolution des approches stratégiques 18
    Nécessité fait loi 19
    L'attitude des clients et son impact 21
    La schizophrénie producteur/consommateur 23
    La crise, une opportunité ? 24

Chapitre 2 **Les cinq étapes d'une crise classique** 27
    Le nuage de Tchernobyl, ou le « déni d'initié » 28
    Le bouc émissaire, ou « Sus aux responsables » 31
    L'assommoir, ou la redécouverte de la brutalité............33
    La révolte, ou « Aux armes ! » 34
    La renaissance ou « Place aux vrais talents ! » 36

Chapitre 3 **La crise larvée du management** 39
    L'entreprise, quelle entreprise ? 39
    L'entreprise et le sens du collectif 43
    Le management et ses outils 45

Partie II
Des éléments pour comprendre la crise

Chapitre 4   **L'activité dans l'entreprise en crise** 51
Les manques 51
Les actions à entreprendre 56

Chapitre 5   **Les approches du management :
des principes dépassés**................................ 63
Les limites du concept de reproduction 64
Le changement et les 3 P 66
Une vision mécaniste du management 68

Chapitre 6   **La personne dans la crise** 73
Les besoins de la personne 74
Les stratégies de défense et les 3 R 79
Manager, une affaire de relations 83

Chapitre 7   **Prendre acte de la mutation de l'entreprise** ...87
Difficultés à accomplir une œuvre collective 87
L'entreprise, un collectif de personnes en relation 88
Un besoin vital de perspective 89
Manager : un rôle devenu plus complexe 90
La crise du management 91

Partie III
Les clés pour sortir de la crise

Chapitre 8   **Manager en temps de crise** 99
Le problème de la communication 100
L'opportunité des chocs salutaires 102
Le carburant de l'implication 103
L'impératif de l'ouverture 105
Le soutien de la stabilité 107

Chapitre 9 **La nouvelle place de l'entreprise au sein de la cité** 111
Une place ambiguë dans la société 111
Les décisions symboliques de l'entreprise 113
L'entreprise citoyenne 114

Chapitre 10 **Les nouvelles valeurs du management** 117
Favoriser l'innovation 118
Faire du symbolique 123
Sortir de la naïveté du « retour à l'éthique » 127
Des flèches plutôt que des boîtes 128
Être là (en deux lettres) 132

Chapitre 11 **Les nouvelles pratiques de management** 135
La direction générale : l'exemplarité toujours 135
Le Gestion des Ressources Humaines :
le retour aux sources 139

Chapitre 12 **Accepter le rôle de manager** 145
Tout le monde n'est pas fait pour être manager 146
De nouveaux rôles pour les managers 147
Développer ses compétences de management 150

Conclusion 153

Bibliographie 159

Introduction

Les managers dans la tourmente

Manager en temps de crise, c'est prendre les bonnes décisions, développer les pratiques pertinentes, se comporter efficacement dans une situation nouvelle que personne n'a vécue et dont personne ne connaît l'issue. Le management est une mission qui concerne toute organisation, entreprise, association ou administration : il consiste à faire en sorte qu'une action collective soit performante, c'est-à-dire réponde aux objectifs qu'elle s'est fixés. On comprend que des chutes brutales d'activité comme celles que l'on connaît actuellement, rajoutées au manque de perspectives, perturbent profondément le cours normal de l'exercice de cette mission : communication, réorganisation, licenciements et modification urgente des politiques sont au rendez-vous.

Manager en temps de crise, c'est trouver les bons réflexes adaptés à une situation nouvelle sans avoir d'expérience ou de benchmark pour le faire correctement.

Manager dans la crise, c'est aussi faire référence à la personne, au manager chargé de cette mission. Il n'est pas le seul bras armé de politiques sophistiquées, mais plutôt une personne bouleversée dans ses pratiques professionnelles, sollicitée par ses collaborateurs sans toujours pouvoir répondre à leurs attentes, angoissée par sa propre situation. Le manager dans la crise est soumis à rude épreuve. Ses certitudes deviennent inopérantes et tout est comme avant – sauf qu'on lui en demande plus sans qu'il ait toujours les clés pour répondre. La crise est pour lui la pointe même du management : toujours plus difficile, toujours plus exigeant, toujours plus ingrat aussi.

Ce livre traite du management comme du manager. La fonction est incarnée et il serait impensable de ne traiter que de la fonction et de ses composantes. Le manager n'est pas qu'une personne, il a un rôle dans une organisation dont il ne peut totalement se dissocier.

Mais il traite aussi de cette crise profonde et brutale que vivent notre économie et notre société. L'entreprise en est une composante essentielle : elle produit des richesses et constitue un lieu de vie et de relations car ces dernières sont souvent la part principale de l'expérience de travail. La crise vient donc perturber la routine des organisations. Comme tout phénomène, elle comporte à la fois des menaces et des opportunités, elle constitue surtout un moment d'émotions fortes et de remises en cause profondes.

En période de crise, la seule possibilité c'est de changer de regard, d'observer les phénomènes sous des angles différents, pour en mettre en valeur le relief. Manager, c'est faire ce que l'on peut : en empruntant les bons angles de vision, on peut généralement faire un peu plus.

Pour ce faire, l'ouvrage couvrira trois grandes parties. La première aborde le *contexte* de la crise, qui n'est pas seulement économique : c'est aussi celle d'un management qui a parfois oublié ses missions primordiales. La seconde dresse la liste des *éléments* constitutifs de la crise qui dépassent l'économie et touchent aux fondements mêmes de nos approches managériales. La dernière partie propose des *clés*, aux managers mais aussi à tous les acteurs des différents niveaux où se construit et se vit cette mission, au niveau de chacun dans l'entreprise.

Partie I

LE CONTEXTE DE LA CRISE

Crise du crédit, crise économique, y a-t-il également crise du management ? En ce début 2009, de nombreux managers se confrontent à la chute brutale de l'activité, aux restructurations, et au cancer de l'incertitude ambiante sans perspective visible. Pour aborder les difficultés du management dans la crise, et même envisager quelques pistes utiles, il faut sortir la tête de l'urgence des problèmes et contempler le contexte. En effet, on peut aisément comprendre les incidences d'une chute brutale d'activité sur le mode de management au quotidien. Mais comment oublier que le management demeure une discipline anthropologique et requiert un questionnement sur la personne, ses relations avec les autres et les possibilités d'influencer les comportements pour produire du résultat ?

Chacun sait que les conseils en matière de management ne sont généralement pas plus efficaces qu'en matière d'éducation. Les autres vous donnent des recettes qui ont, dans le meilleur des cas, été utiles dans leur propre situation mais qui s'avèrent inopérantes dans une autre. Les listes de choses à faire, de trucs imparables sont peu efficaces : elles ne le sont pas plus que les conseils de placements rentables en ces temps de crise financière.

Le management n'est pas une affaire de modèles à appliquer. C'est plutôt une affaire de théories, de manières d'aborder les situations. La principale difficulté du management c'est que cela paraît simple, puisqu'il n'est pas de situation humaine que l'on ne puisse comprendre, sur laquelle on ne puisse avoir une opinion, voire des idées de solution. Il est bon de le rappeler dans les situations de crise.

Mais les circonstances et l'ampleur de celle qui nous prend de court actuellement sont nouvelles, et les façons de l'aborder, de la décrire et de la comprendre ont parfois besoin d'être réinventées. Cette crise demande des réajustements mais la perception que l'on en aura déterminera grandement les solutions que l'on pourra trouver. Un vieux poncif de conférencier consiste à dire que l'idéogramme chinois pour signifier « crise » comporte la racine du mot « opportunité ». Ce qui console certainement ceux qui en souffrent. C'est aussi une indication que notre approche de la crise dépendra de l'angle sous lequel on l'abordera.

Pour le management, la crise n'est-elle que la conséquence des déboires économiques, ou ne découle-t-elle pas d'autres facettes du contexte qui doivent aussi être prises en compte ? Le management s'apprend. On apprend en effet à regarder les situations sous le bon angle et ensuite… on fait ce que l'on peut. Il est vraisemblable que la clé du management en ces périodes de bouleversement sera de faire son possible, mais au moins peut-on le faire en regardant les choses correctement.

Quels sont donc les bons éclairages pour aborder la question du management en temps de crise ? Il en existe au moins trois :

- le premier est celui de *la crise financière et économique* avec ses conséquences concrètes sur le fonctionnement quotidien de l'entreprise et des rapports humains en son sein ;
- le deuxième est celui du *phénomène de crise,* avec ses phases et ses étapes ;
- le troisième est celui du *management* lui-même : car cette mission centrale du fonctionnement des organisations n'a pas attendu le *credit crunch* pour montrer des signes de faiblesse manifeste.

Chapitre 1

Une crise lourde
aux multiples incidences

La crise a son article défini, « *la* », comme s'il n'y en avait qu'une, subie et perçue de la même manière dans toutes les entreprises. C'est un effet du temps d'opérer toujours une sélection drastique dans les événements ou les aspects de la vie d'antan. On a ainsi tendance à réduire 1515 à Marignan et la première guerre mondiale à la vie dans les tranchées. Pourtant, il se passait beaucoup d'autres choses au même moment.

Une économie sinistrée

Des entreprises sont actuellement en pleine crise et leurs salariés aussi. L'automobile a vu chuter ses ventes de 14 % en un mois en France, de 30 à 40 % entre 2007 et 2008. Or, on sait que près de 10 % des salariés travaillent directement ou indirectement pour ce secteur. Dans l'immobilier, la chute est brutale à la fin de 2008. Ne parlons même pas des acteurs du secteur financier qui ont vu changer brutalement les comportements des épargnants, faisant ainsi disparaître des pans entiers de l'activité.

Évidemment, ces événements sont les plus médiatisés, mais il existe une quantité d'autres entreprises, souvent petites, qui prennent de plein fouet les soubresauts de l'activité. On en parle peu car elles ne sont pas très visibles, mais elles voient parfois leur activité totalement disparaître. On l'a noté dès l'été 2008 dans certains secteurs de produits de consommation, le vêtement ou les services. Organisation de conventions, voyages, spectacles et services annexes voient leur activité non seulement décliner mais chuter.

L'élément le plus frappant de la crise économique actuelle est sans doute sa brutalité. Comme si tout s'arrêtait en même temps, comme si les consommateurs se trouvaient tétanisés par la situation de crise, arrêtant d'acheter, reportant des affaires même nécessaires et prenant surtout le temps… d'attendre. On comprend la logique perverse de ces réactions puisque la tétanisation ne fait que renforcer la crainte des acteurs et l'arrêt de leur activité à leur tour.

On peut imaginer l'impact de ce contexte déprimé. Comment maintenir un minimum de motivation, de conscience professionnelle et de confiance dans les relations quand tout semble s'effondrer autour de vous, quand des salariés se retrouvent au chômage technique dans certains secteurs ?

Évolution des approches stratégiques

Un second élément de contexte pour le management relève des nouvelles exigences qui lui sont assignées en période de crise. Il faut réduire, réorganiser, diminuer, couper. Plus encore, il s'agit d'ajuster, développer des nouvelles idées, trouver de nouvelles niches. Fini le temps où l'on réfléchit au management et aux ressources humaines. On s'active plutôt sur les urgences : récupérer du cash pour payer les salaires, sécuriser certains projets déjà engagés pour les mener à leur terme et gérer précautionneusement la relation avec ses clients. Il s'agit donc bien d'un changement de stratégie et de direction dans la conduite des entreprises qui modifie les investissements réalisés (par exemple en matière de gestion des ressources humaines), mais aussi le mode de relations managériales. En conséquence, la logique des formations managériales évolue : il ne s'agit plus, dans le cas de telle grande entreprise du CAC40, d'ouvrir les esprits pour développer de nouveaux modes de pensée, mais plutôt de travailler sur des projets immédiatement opérationnels dont on attend des économies ou des fruits rapides.

En ces temps de crise, les dirigeants sont généralement concentrés sur la prise de décisions urgentes, le développement de stratégies d'évitement, de contournement ou de rebond. On savait déjà qu'ils avaient tendance à considérer que le management n'était pas pour eux mais pour les niveaux en dessous : cette impression n'est que renforcée. Plus que dans une situation normale, les managers doivent faire en sorte que la machine tourne avec le moins de vagues possibles parce que l'urgence l'exige.

Nécessité fait loi

Le troisième élément de contexte – après la brutalité de la chute d'activité et l'évolution des approches stratégiques

– est la remise en cause du mode de pensée dominant. Celui-ci pourrait s'exprimer facilement : nécessité fait loi. Quand l'urgence est là et la menace envahissante, il n'est pas temps de discourir sur les choses secondaires. Il faut s'y mettre, un point c'est tout ! Mais cette injonction donnée aux managers devient très dérisoire à côté des questions de maintien de l'activité, de développement de nouveaux projets et tout simplement de survie.

L'idée n'est pas sotte. La menace modifie souvent les comportements. On connaît tous cette impression de griserie efficace lorsque l'on est « charrette », quand il s'agit de terminer un projet dans les délais ; les contraintes et la pression sont alors tellement fortes que l'on se découvre des énergies insoupçonnées. Les meilleurs exemples sont les situations d'urgence : de nouveaux comportements apparaissent, des gens se révèlent, ce qui était impossible hier devient naturel. La menace fait agir. C'est là-dessus que l'on peut possible-ment se fonder pour manager en cas de crise. D'ailleurs, *volens nolens*, c'est ce sur quoi beaucoup de managers comptent, presque sans le formuler.

Cependant, si la nécessité révèle, elle inhibe aussi. Dans certaines situations, le caractère dramatique des événements peut tétaniser : c'est le cas de ces personnes incapables de mener quelque action que ce soit quand elles sont témoins d'un accident. De plus, les actions entreprises ne sont pas toujours appro-priées. Comme ce monsieur, témoin de la chute d'une personne, qui accourt avec de bonnes intentions pour la secourir et ramasse consciencieusement les morceaux éparpillés de son téléphone plutôt que… d'appeler les secours !

En cas de nécessité, l'Histoire nous l'a montré, les réactions individuelles ne vont pas toujours dans le sens opportun. Il existe des témoignages intéressants sur l'expérience de situations dramatiques, comme la guerre ou l'occupation. Dans son journal, Victor Klemperer[1] raconte au jour le jour sa vie en Allemagne durant les années du nazisme. Nous connaissons l'histoire, les dangers et le sort des Juifs durant la seconde guerre mondiale. On est frappé de voir ce qu'était le quotidien de cet homme, de plus en plus menacé, disposant d'opportunités pour fuir le destin tragique qui l'attendait. Or, au fil des jours, c'est un rétrécissement progressif de son existence qu'il s'impose, cherchant face à la nécessité, à maintenir une vie possible : la nécessité conduit à des attitudes et réactions tellement différentes. Effectivement la nécessité fait loi puisqu'elle s'impose. Elle ne fait pas loi en ce sens qu'elle conduirait aux mêmes types de réactions appropriées.

L'attitude des clients et son impact

Un autre élément de contexte, pour mieux aborder les rapports de la crise et du management, est l'attitude des clients et leur impact sur les salariés et l'exercice de la mission de management. En effet, la vision traditionnelle du management consiste à imaginer un manager avec une équipe dont il est chargé de coordonner, animer et contrôler l'activité. Mais dans une économie de service, un autre acteur prend de l'importance et

---

1. Klemperer, V., *Journal* (1933-1945), Le Seuil, 2000.

contribue à contrôler l'activité de l'agent : le client ou
le consommateur.

D'une part, certaines entreprises impliquent le client
dans le déroulement même de l'activité. C'est le cas des
fast-foods, où la participation du client pour débarrasser
sa table devient un élément fondamental du processus
de travail. C'est aussi le cas des compagnies aériennes
qui réussissent progressivement à faire faire par le client
toutes les procédures de réservation, d'impression des
billets et d'enregistrement : c'est autant de tâches que
les salariés n'ont plus à effectuer, c'est aussi une modification des rapports entre clients et salariés.

D'autre part, les comportements du client participent
de l'expérience de travail des salariés. Il n'est qu'à voir la
difficulté du travail de téléopérateur ou d'agent des
services publics devant des usagers agressifs et peu
respectueux. La crise ne fait souvent que détériorer un
peu plus cette situation. C'est ce qu'ont vécu des salariés de la Société Générale après l'affaire Kerviel et à
l'automne 2008 devant les risques de faillites bancaires.
À la Caisse d'Épargne, la publicité donnée à une perte
importante due à des placements peu judicieux sur les
marchés en pleine tourmente, s'est traduite par des
réactions parfois violentes de clients traditionnels de ces
caisses qui perdaient soudainement confiance dans leur
organisme financier. Et c'était aux banquiers de détail
de supporter ces récriminations, alors qu'ils étaient
souvent en total accord avec leurs clients sur ce point.

La peur et le sentiment de panique ne touchent pas
seulement les salariés qui craignent de perdre leur
emploi, ils saisissent aussi les consommateurs ou les

clients qui l'expriment parfois violemment aux agents des entreprises, même si ces derniers n'y peuvent pas grand-chose. Cela ne fait qu'ajouter à une tension déjà forte que les managers doivent prendre en compte.

La schizophrénie producteur/consommateur

En examinant la question du management, on peut avoir la tentation de considérer ce rôle de manière totalement décalée par rapport aux autres rôles sociaux, comme celui de consommateur ou de citoyen. Chacun peut s'amuser à suivre les états de l'opinion, qui ne manque pas d'intérêt dans ses contradictions selon que l'un ou l'autre des rôles est abordé. En analysant les différents sondages sur le travail du dimanche, fin 2008, on s'aperçoit qu'une large majorité de nos concitoyens se déclarent favorables à la question de donner une liberté nouvelle – celle de travailler le dimanche : c'est la réaction, positive, du citoyen. À la question de savoir s'ils apprécieraient d'avoir des magasins ou des services publics ouverts le dimanche, une majorité répond encore positivement : c'est la réaction du consommateur ou de l'usager. À la question de savoir si les sondés voudraient régulièrement travailler le dimanche, une majorité répond alors négativement : c'est la réponse du travailleur…

Les personnes auxquelles s'adresse le management cumulent des rôles multiples et, en période de crise, chacun de ces rôles est bouleversé. C'est ce qui fait la difficulté du travail collectif et de son organisation. On décrit parfois l'entreprise comme un clan ou une société humaine à laquelle on appliquerait les mêmes

catégories que celles utilisées pour décrire le fonctionnement d'une tribu ou d'une ethnie. Ce glissement est
inapproprié puisque les entreprises, en tant que société
humaine, ont deux caractères qui les en différencient
fondamentalement. Premièrement, l'entreprise a une
raison d'être : celle de réaliser des activités, de produire
des biens ou des services recevables par un marché ou
un environnement. Il existe donc un principe d'efficacité. Deuxièmement, ses membres n'ont qu'une appartenance partielle. En revanche, le membre d'une ethnie
lui appartient 24 heures sur 24 et 365 jours par an.

L'appartenance à une entreprise ou à une quelconque
organisation – qui satisfait à la première caractéristique
– ne fait que compléter de nombreuses autres apparte-
nances à d'autres organisations : associations, famille,
génération… Mieux encore, le temps de présence dans
l'entreprise ou le travail en général est très faible au
regard de l'ensemble d'une vie, l'espérance de vie
s'étant allongée alors que le nombre d'années de travail
a plutôt eu tendance à diminuer. Le temps de travail
dans l'année et dans la semaine a également baissé : la
loi sur les 35 heures n'avait-elle pas, parmi les motivations de ses auteurs, l'ambition de permettre aux
travailleurs de s'investir dans la vie sociale, les loisirs et la
famille ?

La crise, une opportunité ?

Mais on ne doit pas oublier, dans l'appréciation du
contexte, que la crise ouvre également de nombreuses
opportunités. Des secteurs disparaissent ou souffrent
alors que d'autres progressent ou profitent des boulever-

sements ambiants. Depuis quelques mois, la restauration rapide profiterait de la crise, en permettant aux consommateurs de se nourrir à un prix inférieur à celui de la restauration traditionnelle. La distribution cherche de son côté à pallier la maturité déclinante du secteur des hypermarchés, au profit des hard discounters qui attireraient des consommateurs de plus en plus nombreux et divers. Il en va de même dans l'automobile où les modèles plus économes permettraient au secteur d'atténuer la crise, en 2008 en France, du fait des bonus/malus écologiques. On peut imaginer que les activités de réparation vont se développer si les consommateurs perdent l'habitude de changer leurs appareils à la première panne.

On remarque aussi que des situations de crise économique conduisent dans un premier temps les personnes à renforcer leur formation et à augmenter leur niveau de compétence professionnelle pour mieux aborder le marché du travail. Mais dans les secteurs moins touchés, voire bénéficiaires de la crise, les salariés ne s'en trouvent pas moins affectés par l'ambiance générale et il serait vain d'imaginer que le management puisse se faire sous cloche, dans un havre de paix et de croissance, protégé des tourments du monde de l'économie.

Chapitre 2

Les cinq étapes d'une crise classique

Le phénomène de « crise » est complexe. Les économistes ne sont pas plus d'accord que les historiens sur le sujet. En 2009, on s'amuse encore de la polémique picrocholine sur l'arrivée de la récession après deux trimestres consécutifs de baisse du PIB : les débats sur ces miettes de pourcent paraissent tellement décalés par rapport aux chutes d'activité ici ou là ! Et que dire de l'évolution, au fil de l'année 2008, des prévisions sur la date du retour de la croissance…

Ceci étant, l'Histoire est une source de comparaison inépuisable sur les crises, mutations, transformations ou autres bouleversements. Il n'est qu'à lire les historiens pour percevoir combien l'analyse qu'ils font des crises antérieures mêle tous les aspects de la vie sociale, économique, sociétale, politique, voire militaire. Le plus souvent, un événement déclencheur sert d'étincelle à une série de réactions en chaîne. Nous pouvons donc nous risquer à avancer l'idée d'une dynamique possible de la crise actuelle, composée d'étapes qui semblent naturellement s'enchaîner : le déni, le bouc émissaire, l'assommoir, la révolte, la renaissance. Nous regarderons à chaque fois si l'on peut appliquer chacune au management.

Le nuage de Tchernobyl, ou le « déni d'initié »

Dans une première étape, des signes de crise apparaissent. Quelques experts commencent à faire porter leur voix sur les risques d'emballement, les mécanismes de bulle ou les déséquilibres structurels de l'économie. Mais, comme toujours, peu sont capables de donner des dates, de prévoir la réalisation de leurs prédictions dans le temps. Ils ne sont pas plus habiles à prévoir le déclencheur, le coup d'aile de papillon qui embrasera le système.

Dans la crise actuelle, c'est l'immobilier qui a servi de déclencheur. Les prix baissaient déjà depuis quelques mois aux États-Unis. On venait de vivre le renchérissement brutal des denrées alimentaires et de l'énergie quand l'immobilier déclencha véritablement la crise avec les imprudences du crédit qui se sont progressivement répandues. Le bel édifice d'une finance sophistiquée s'est effondré dès que les prix se sont retournés.

En 1986, lors de l'explosion de la centrale de Tchernobyl, on se souvient que le nuage contaminé s'était – miraculeusement – arrêté à nos frontières… Il en est allé de même avec cette crise. Les problèmes de l'immobilier devaient être circonscrits aux pays imprudemment entrés dans une bulle immobilière, impensable chez nous. La crise devait être d'autant plus limitée à ces pays négligents qu'ils avaient généralement développé des modalités de financement qui dérogeaient avec toutes les règles de prudence et de professionnalisme bancaire. Il ne fallait pas être grand expert pour trouver des différences réconfortantes entre le fonctionnement de ces marchés lointains et nos pratiques nationales. De la même manière, la puissance, le sérieux et l'originalité de nos institutions financières devaient nous préserver de tout risque de faillite !

Cette crise semblait alors tellement lointaine et sans risque pour nous, que les pratiques de consommation ne changeaient pas vraiment : les professionnels du tourisme ne se plaignaient pas plus que d'habitude, le niveau de consommation s'accrochait et, la neige aidant, les réservations pour les fêtes de Noël furent assez bonnes.

La première phase est donc la dénégation. Finalement, n'a-t-on pas galvaudé le terme de crise en l'évoquant régulièrement depuis le quadruplement du prix du pétrole en… 1973 ?

Cependant, une fois passé le moment où l'on est soulagé de s'entendre dire que l'on ne risque rien, le bon sens reprend le dessus et l'on se rend compte que la crise existe bel et bien et que le nuage a passé la frontière. Ce phénomène se produit avec la faillite, à la mi-septembre, de Lehman Brothers que le gouvernement américain refuse de sauver. On s'aperçoit alors que de nombreuses institutions financières sont engagées dans l'opération, et que le problème est plus global qu'on ne l'imaginait. Finalement le doute se répand. On attend chaque week-end de découvrir à qui cela va être le tour et des institutions prestigieuses au-dessus de tout soupçon s'avèrent bousculées.

« Nous avons toujours fait comme ça et nous ne changerons pas. » « Le marché aura toujours besoin de ce que nous produisons. » « Nous sommes les meilleurs au monde, nous le resterons et le marché saura nous reconnaître. » « Il est important d'avoir des stratégies pérennes et nous tiendrons le cap. »

*« L'important est de préparer l'avenir et nous devons continuer
en fonction de ce qui était décidé. »*

Voilà quelques-unes des déclarations caractéristiques de
cette première étape. Entendons-nous bien, elles traduisent souvent une grande sagesse consistant à ne pas se
laisser perturber par les circonstances. Mais elles peuvent
aussi signifier que l'on ne croit pas vraiment à cette crise,
que l'on s'estime fort et moins imprudent que les autres.
Elles peuvent aussi traduire une dénégation bien humaine
de la réalité : l'aveu de la crise remettrait en cause ce sur
quoi on a tellement investi. On recherche alors, dans la
réalité économique, comptable, légale ou psychologique,
quelques arguments pour se conforter dans cette position. On sait bien que dès que l'on s'est construit une
représentation de la réalité, tout événement nouveau est
interprété à l'aune de cette vision. Pour cette raison, les
cimetières sont remplis d'entreprises qui ont cru que
l'économie ne pourrait exister sans elles et leurs produits,
comme dans le cas de la sidérurgie au début des années
1980 : il était inimaginable à l'époque qu'un grand pays
existât sans une sidérurgie puissante.

Cette dénégation se partage facilement en interne.
Dans les réunions, conventions et séminaires, les salariés, alertés par les médias sur l'importance de la crise,
n'ont qu'une envie et un seul besoin : se voir rassurés
sur la solidité de l'entreprise. On se plaît alors à
entendre de nouveaux raisonnements ou des informations non publiées dans la presse qui donnent l'impression que ces journalistes n'ont décidément pas
l'information pertinente… et que finalement on sait
plus de choses qu'eux. On est dans une situation de
« déni d'initié ».

Le bouc émissaire, ou « Sus aux responsables »

Figure traditionnelle de notre culture, le phénomène du bouc émissaire a été brillamment décrit par René Girard[1] qui y voit un processus fondamental de la constitution et de la vie des sociétés. On peut également le considérer comme un produit de la vie collective, une grille de lecture pertinente et efficace tant d'événements historiques que de la vie des cours d'école.

Le processus naît de la perte de repères et de l'entrechoquement d'événements perturbants. À cette situation confuse, il doit bien exister des responsables ; il suffit de les supprimer pour que tout redevienne normal. Ces boucs émissaires, n'ont généralement comme unique caractéristique que de posséder des signes victimaires, c'est-à-dire ce qui vous distingue du reste du groupe : une originalité physique, l'appartenance à une communauté religieuse, etc. Girard montre comment une société, se rendant compte de son erreur d'avoir tué la victime innocente, aura tendance à sacraliser l'événement et la victime en développant des rites pour en faire mémoire.

En situation de crise, tous les repères disparaissent et il devient difficile de distinguer le superficiel du profond, l'accessoire de l'essentiel, l'anecdotique du significatif, le conjoncturel du structurel. La situation n'est donc pas normale, pas acceptable. La colère gronde. Si ce n'est pas normal, certains doivent être les responsables de cet état de fait.

© Groupe Eyrolles

---

1. Girard R., *Le bouc émissaire*, LGF, Le Livre de Poche, 1986.

Dans le contexte de la crise économique et financière actuelle, il suffit de lire les journaux et d'écouter les hommes politiques. Les auteurs des premiers doivent remplir des pages pour expliquer et créer l'événement, les seconds doivent stigmatiser pour attirer à eux les mécontents.

La liste des boucs émissaires est déjà longue. En premier lieu : les financiers, cette caste de Paganini du *hedge fund* et de la titrisation qui attirent d'autant plus les traqueurs de boucs émissaires qu'ils ont gagné énormément d'argent en cassant tous les codes. Viennent ensuite les banques en général, dès que l'on prend la mesure du risque de contagion dans un système tellement connecté. À l'automne 2008, les banquiers de détail se sont retrouvés dans cette situation difficile, subissaient les sarcasmes au mieux, les agressions au pire, de clients soudainement conscients de ne pas être avec leur banquier aussi en sécurité qu'ils l'avaient imaginé. Puis, les Américains, boucs émissaires traditionnels dans notre pays : tous ces banquiers de terrain aux États-Unis qui laissaient croire à des citoyens sans un sou qu'ils pouvaient s'acheter une maison et emprunter sans risque. Plus globalement, c'est l'économie financière qui est en cause et plus généralement encore le libéralisme. En janvier 2009 les boucs émissaires sont clairement les banquiers !

Dans les groupes, les boucs émissaires ont une vertu, certes provisoire : celle de souder les équipes autour d'un ennemi commun, l'un des meilleurs ciments. Il est en effet réconfortant, alors que l'on subit les affres de la crise, de voir que d'autres partagent les mêmes points de vue. À la cafeteria ou dans les réunions, on retrouve une unanimité depuis longtemps oubliée.

L'assommoir, ou la redécouverte de la brutalité

À cette étape, chacun se rend compte qu'il peut être touché de nombreuses manières par la crise. On pensait que cela ne concernait que les imprudents mais tout apparaît plus grave que prévu. Certes le portefeuille d'actions perd dramatiquement de sa valeur mais les actifs immobiliers aussi. Les doutes apparaissent sur la santé de son entreprise, la pérennité de son emploi ou de celui des autres membres du foyer. Des projets d'investissement doivent être reportés, reconsidérés, annulés. Les premiers licenciements ont lieu, un ami demande des délais pour vous rembourser, de plus en plus d'enseignes « À vendre » s'affichent sur les immeubles. Vous refaites vos calculs de pensions et de revenus estimés pour la retraite, vous revoyez le plan financier d'achat immobilier, de déménagement ou de réhabilitation. Les mauvaises nouvelles se succèdent en rafales dans les médias. Vous apprenez à compter maintenant en milliards ou en « Kerviel », cette nouvelle unité de compte apparue en janvier 2008. L'information est partout comme dans les cités des régimes totalitaires qui implantent à tous les carrefours ces haut-parleurs diffusant de la propagande comme si le citoyen ne devait jamais rester dans le silence au risque de réfléchir. C'est l'étape de l'assommoir quand chacun a l'impression de la chute du ciel sur sa tête.

Coup de massue dans le secteur du recyclage quand l'activité disparaît brutalement à l'automne 2008, dans celui de l'habillement quand personne n'achète dès l'été 2008, chez cet éditeur qui ne vend plus rien en août, chez ce constructeur automobile dont les ventes chutent de 40 %, chez ce fabricant de matériel de travaux publics qui annonce la suppression de 20 % de ses emplois en janvier 2009.

C'est un monde qui s'effondre. On travaillait sur le long terme avec des projets et une stratégie, soudain tout est remis en cause. Faut-il poursuivre ou non ? couper, jusqu'où ? On comprend la difficulté des décisions à prendre au sommet, la panique de chacun se demandant ce que deviendra son activité le lendemain.

Le plus souvent, cette phase d'assommoir se manifeste concrètement et symboliquement par des décisions qui impressionnent, au sens fort du terme. On supprime les déplacements professionnels, les recrutements. Chaque dépense doit être visée au plus haut niveau, chaque sortie d'argent qui pourrait paraître somptuaire est interdite : la pudeur exige qu'on ne puisse reprocher aucune dépense futile alors que tant de personnes sont en passe de perdre leur emploi.

Cette phase voit en général disparaître les revendications : on est inhibé, attentiste ; on pense à sa protection. On cherche des signes pour mieux comprendre, on essaie de se refaire : chacun s'en veut tellement de ne pas avoir suffisamment vu venir la catastrophe qu'il ne veut pas rater le prochain train. Et les heures se passent à refaire le match ! Le management quotidien n'en est pas pour autant facilité, d'une part parce que les managers sont dans la même situation, et d'autre part parce que ce calme apparent n'est pas toujours synonyme de confiance.

La révolte, ou « Aux armes ! »

L'Histoire nous a montré que la révolte était souvent une issue. Quand la situation devient intolérable, que chacun a rongé son frein en silence, il suffit d'un événe-ment déclencheur et d'une étincelle pour créer la révolte. Elle peut se déclarer dans une file d'attente devant une banque où les déposants se ruent afin de retirer leurs avoirs, ou devant le siège d'un gouvernement, comme en novembre 2008 en Islande, quand les citoyens réclament sa démission, ou à la suite du succès des manifestations du 29 janvier 2009. Ces révoltes supposent souvent un catalyseur qui prend deux formes principales ; soit celle d'un événement insupportable – comme la faillite d'une institution importante, économiquement ou symboliquement ; soit celle, fréquente dans l'Histoire, de démagogues populistes venus apporter leurs solutions simplistes à cette complexité et répondre par là-même au besoin de sécurité de chacun.

Dans cette phase de révolte, les comportements changent profondément. C'est le moment où le vernis des règles policées de la vie sociale disparaît brutalement. Même les donneurs de leçons du passé se surprennent à adopter les mêmes comportements que ceux qu'ils avaient condamnés. Au niveau des sociétés, la révolte conduit souvent à des changements de régime. Dans l'économie, elle se traduit par la « destruction créatrice ». Mais économie et politique font souvent alliance pour remettre fortement en cause l'ordre établi.

La révolte peut prendre plusieurs formes. D'une part, des grèves, perturbations, ou protestations en chaîne. Ces réactions parfois violentes ont besoin d'un déclic et de leaders[1]. Quand les besoins se font trop pressants et l'anxiété trop insupportable, les comportements se débrident et se libèrent de tous les codes relationnels qui rendent la vie sociale policée : infractions aux règles

---

1. Malia M., Bury L., *Histoire des révolutions*, Tallandier, 2008.

de base, sauve-qui-peut, comportements de jungle sont au rendez-vous, et les codes de la civilisation explosent.

Il suffit de voir les réactions de panique quand arrive un accident pour comprendre que la crise peut générer des comportements auxquels nos organisations ne sont pas habituées. Ces révoltes apparaissent souvent dans des situations imprévues. Il semblait que tout le monde était d'accord pour se serrer les coudes en acceptant que nécessité fasse loi et, soudainement, cette belle mécanique se fissure.

La renaissance ou « Place aux vrais talents ! »

Les crises ont une fin, mais on la connaît quand on regarde le film du passé. Seuls les historiens savent repérer les événements déterminants et significatifs qui en expliquent la survenance. Quand on vit la crise au jour le jour, c'est beaucoup plus difficile à distinguer. Des personnages nouveaux apparaissent, aux codes, références, expériences et attitudes souvent imprévisibles. Des idées différentes surgissent, dont la nouveauté ne sera perçue que plus tard : les premiers concepteurs de réseaux d'échange d'informations imaginaient-ils la révolution Internet ?

Cette difficulté de clairvoyance à propos de la renaissance après la crise en constitue l'une des roulettes. Qui sait d'où va venir le navire ? Qui sait adopter les bonnes positions au bon moment, suivre les bons leaders, épouser les bonnes causes ? C'est sans doute, quoiqu'en disent les rationalisations *a posteriori*, l'un des grands hasards de la crise qui fera se retrouver soit du bon, soit du mauvais côté.

Prenons l'exemple récent de la bulle Internet. On se souvient de ce comportement de moutons de Panurge vers l'investissement dans ce secteur, attisé par la peur panique de ne pas être tendance, moderne, jeune. On se moquait du *brick and mortar* représentant la « vieille économie », soi-disant accrochée à des activités sans avenir, souvent managée selon des méthodes trop anciennes que les nouvelles générations allaient rendre obsolètes en peu de temps. On sait ce qu'il en est advenu… Pas facile d'être du bon côté !

Mais une crise a toujours une fin. Des opportunités sont saisies efficacement, l'activité repart, même si c'est sous d'autres formes. Cette période est aussi très délicate pour le management. Généralement, cette reprise s'effectue sur des bases que l'on veut différentes, comme pour exorciser un éventuel retour de la crise ou pour se purger de modes de fonctionnement dont on estime qu'ils ont contribué aux difficultés traversées. Les organisations changent, tout comme les objectifs et les modes de travail en commun.

Cette phase de renaissance voit apparaître – et doit faire apparaître – les nouvelles figures que la crise a permis de révéler. Manager, c'est alors repérer des talents émergents, faire évoluer les organisations pour leur permettre de se développer et de prendre leur nouvelle place. Évidemment, cela ne se fait pas toujours de manière sereine. Toutes les entreprises ayant vécu de grands bouleversements savent que les réactions face à la réalité de la crise révèlent certaines personnes alors que d'autres s'avèrent incapables de s'y confronter : et cette différence de réaction ne dépend pas forcément de leur niveau de formation ou de leur place dans la hiérarchie précédente.

Chapitre 3

La crise larvée du management

Mais la crise ne serait-elle pas aussi celle du management ? On sait qu'en ces périodes de grand bouleversement, l'état de confusion nous fait voir la crise partout dans un mélange informe. À certains moments de l'Histoire, celle du XXe siècle en particulier, on a vu des défaites associées immédiatement à des crises économique, sociale, sociétale, culturelle voire morale, comme si les pertes de références dans un domaine étaient assimilées à une perte de références dans tous les autres. Cependant, on remarque actuellement une crise réelle de la pratique en matière de management – cette mission qui consiste à animer, coordonner et influencer le fonctionnement d'un collectif pour produire du résultat – au niveau de son image, de ses valeurs, de ses méthodes.

L'entreprise, quelle entreprise ?

Plantu, à la première page du Monde, donne une image désuète de l'entreprise qu'il représente encore régulièrement par une usine avec un toit en ligne brisée, des cheminées fumantes et un patron bedonnant en hautde-forme, le cigare à la bouche. Quant aux journalistes et aux politiques, ils interpellent aussi l'entreprise, avec un article au singulier.

Mais l'« Entreprise » n'existe pas – sinon dans les approches faciles, les accusations injustes ou l'ignorance. En revanche, à voir fonctionner le tissu économique, les entreprises nous frappent plutôt par leur diversité : de taille, de secteur, de gouvernance, d'activité, de mode de propriété du capital, de climat interne, de qualité des relations, etc.

Il est d'ailleurs frappant que cette méconnaissance de l'entreprise ne soit pas seulement le lot des journalistes et des politiques. En novembre 2008, un sondage de la FNEGE, avec le concours du Cercle de l'entreprise et du management, s'est enfin intéressé aux connaissances sur l'entreprise d'un échantillon représentatif de la population française de plus de 18 ans. Les résultats ne manquent pas d'intérêt :

– en France, moins de 50 000 entreprises ont plus de 100 salariés : seuls 19 % de la population le savent, la majorité considère que les entreprises sont grandes, comme dans *Largo Winch* en quelque sorte ;
– 6 % des personnes interrogées savent que les entreprises produisent plus de 80 % de la richesse nationale. Presque tout le monde considère que c'est moins : on se demande bien d'où la richesse provient pour les sondés, du ciel peut-être ?
– 48 % des Français connaissent le secteur d'activité d'Areva, 27 % celui de Thalès…
– 43 % seulement des sondés savent ce qu'est un dividende, 12 % des Français savent que moins de 5 % de

la richesse produite par les entreprises françaises revient aux actionnaires, la plupart considérant que c'est beaucoup plus : c'est dire la qualité du débat qui peut exister, au moment de la publication des résultats des entreprises, sur la destination des profits !

– 23 % des Français savent que la part de la richesse produite revenant aux salariés atteint 65 % ;

– 62 % de la population française pense que c'est beaucoup moins.

La question était posée de savoir quel était le coût total pour l'entreprise d'un salaire de 1 500 € net. Ils ne sont que 29 % à savoir qu'il est de 3 000 € ; 65 % des Français pensent que c'est moins.

Quant à connaître la part des salariés dans les entreprises françaises qui sont en CDD ou en intérim, autrement dit en précarité : seulement 4 % des Français savent que c'est autour de 10 % ; 60 % d'entre eux pensent que c'est plus de 20 % ! C'est dire l'image de précarité qu'évoque l'entreprise ! Seulement 9 % des Français savent que plus de 200 000 entreprises sont créées par an, 63 % pensent que c'est moins de 100 000 !

Et la surprise des surprises : près d'un tiers des Français pensent que le chiffre d'affaires, c'est le bénéfice !

Il serait trop facile de simplement sourire de tels résultats. Ceux qui le font peuvent se connecter sur le site www.fnege.com pour faire le test. En tout cas, la note moyenne des Français est de 6/20.

Ces résultats, assez étonnants, sont plutôt le signe de la crise même du management, cette mission de l'entreprise destinée à en améliorer le fonctionnement et l'efficacité. Qu'en est-il quand on ne partage pas les connaissances de base sur sa réalité ? Quand on sait les dangers que la crise actuelle fait courir aux entreprises, on peut imaginer que cette vision tronquée représente un risque.

S'il est clair que les entreprises n'ont pas très bonne réputation, il en est de même pour ceux qui doivent en assurer le management. Il est d'ailleurs curieux que les gros profits des entreprises du CAC40 aient pu faire scandale dans la société française ! Car qui dit profit dit aussi impôts, et donc bénéfice pour l'ensemble de la collectivité. On n'a d'ailleurs jamais prouvé que les salariés fussent plus malheureux dans les entreprises qui font beaucoup de bénéfices.

Signe supplémentaire de la schizophrénie ambiante, cela ne choque personne de voir les manifestations sportives et culturelles sponsorisées par les entreprises, alors que l'on a du mal à accepter la valeur et la pertinence de ce qu'elles font au jour le jour. Dès qu'un nouveau besoin apparaît, c'est vers elles que l'on se tourne pour le financer ; pourtant, dès qu'un problème sociétal surgit, c'est à elles que l'on demande ce que l'on ne requiert d'aucun autre acteur de la société. Par exemple, c'est aux managers de faire en sorte que personne ne soit stressé, harcelé, souffrant, comme s'ils étaient les seuls responsables. On s'offusque de l'augmentation du stress, comme en témoigne le rapport du docteur Légeron[1] pour le ministre du Travail. Et c'est aux managers que l'on demande de le prévenir, sans tenir compte du rôle d'autres facteurs – augmentation des temps de transport,

---

1. Légeron, Nasse, *Rapport au Ministre du Travail sur le stress et les risques psychosociaux,* mars 2008.

détérioration des conditions dans des transports publics, sans même parler des problèmes familiaux.

L'entreprise et ses managers auraient-ils ainsi accédé à la figure de bouc émissaire dans une société qui s'est trop habituée à ses bienfaits ? Quand la crise remet en cause ce confort, on prend la mesure de la difficulté du chemin à parcourir pour regagner la confiance… Reste un espoir, il est vrai : les études montrent que si l'on n'aime pas les entreprises, on trouve la sienne acceptable ; et si l'on n'aime pas les patrons, le sien n'est pas si mal.

L'entreprise et le sens du collectif

On pourrait dire, en fin de compte, qu'une entreprise, comme toute société humaine, requiert au moins trois éléments : le sens de l'efficacité, un minimum de valeurs partagées et le sens du collectif – puisqu'elle procure une expérience sociale de contact, d'interaction et de collaboration.

Mais ces composantes ne vont apparemment pas de soi. On peut définir le sens de l'efficacité comme le souci de produire quelque chose qui réponde à des critères de qualité et qui rende réellement le service pour lequel paie le consommateur. Prenons l'exemple du métro. À chaque station c'est la même histoire : les voyageurs restent immobiles sur le quai devant les portes qui s'ouvrent et entrent ensuite sans même laisser le temps aux autres de descendre, ce qui ne fait que ralentir l'opération… et les entrants de fuir le regard de ceux qui espèrent sortir… C'est bien une preuve que l'efficacité ne va pas de soi !

Quant aux valeurs partagées, restons dans l'expérience largement partagée des transports en commun. On a tous remarqué qu'on donne couramment un siège aux enfants plutôt que de les prendre sur les genoux pour laisser s'asseoir les plus âgés ! Décidément les valeurs de respect minimum des personnes âgées, assez universelles pourtant, ne vont pas de soi non plus. Heureusement que les jeunes sont là et spécialement les jeunes filles, qui sont généralement les plus sensibles à ce bon sens anthropologique.

Et quant au sens du collectif, de la collaboration et du vivre-ensemble, observez bien lors de votre prochain voyage le comportement des voyageurs qui restent plantés près de la porte au lieu de se pousser vers le fond afin de faciliter le mouvement, ceux qui s'incrustent avec leurs grosses valises au milieu du chemin, ceux qui perturbent les autres avec leurs suppositoires à oreilles tonitruants, sans même parler de la tendance des poussettes 4 x 4 aux heures de pointe ! Et si le bon sens n'est pas évident dans des situations aussi banales de la vie collective, qu'en sera-t-il quand il s'agira de collaborer à une activité commune au sein d'une organisation de travail ?

La vie en entreprise est une expérience collective. Le management – qui doit faire en sorte que cette action collective soit performante – suppose formation et expérience de la vie en commun. La plupart des théories et des outils développés depuis des décennies prenait pour acquis cette expérience de base qu'avaient accumulée les salariés. En va-t-il encore de même aujourd'hui ? Qu'est-ce que le sens du collectif, si ce n'est que toute activité sociale suppose des droits et des devoirs réciproques entre les personnes rassemblées autour de cette activité ? Qu'est-ce que le collectif, si on ne reconnaît pas une autorité légitime ?

Dans ses évolutions récentes, la société n'a-t-elle pas profondément modifié l'expérience du collectif ? Certes, nos enfants sont socialisés très jeunes. Mais de quelle expérience de la vie de groupe s'agit-il quand ils sautent, par exemple, d'une activité sportive à une autre ? C'est une expérience bien différente de celle que leur offrirait la pratique d'un même sport, dans la durée, dans le même club, où ils prendraient aussi des responsabilités dans le fonctionnement de l'association et dans la formation des plus jeunes. Quant à l'évolution des parcours universitaires, ils ressemblent de plus en plus à une succession d'expériences courtes dans différentes écoles, stages en entreprise, associations, séjours internationaux où les étudiants n'ont pas le temps de s'intégrer, de vivre les obligations de la vie collective, et où ils restent au niveau de la consommation d'expériences passagères.

Certes, il existe de nombreux discours sur la mobilité professionnelle, mais ils sont exagérés : l'expérience de travail dans une entreprise reste pour beaucoup le temps long de la relation aux autres, que l'on n'a pas forcément choisis, avec en plus la nécessité de produire. Tout cela ne va pas de soi et le management devient difficile quand le minimum d'obligations réciproques ne peut être honoré.

Le management et ses outils

Un autre aspect de la crise du management est lié au travail en profondeur de ces deux dernières décennies pour mettre en place des outils et méthodes toujours plus sophistiquées pour gérer le collectif : systèmes de gestion des compétences, d'évaluation des performances, de repérage des potentiels, de participation, de construction d'équipes, pour n'en citer que quelques-uns. Ils complètent le développement de process qui automatisent et réglementent le flux de travail. Normalisation, accréditation et certification ne font qu'en rajouter en donnant une figure définie, écrite, systématisée de l'activité. De là à croire que l'entreprise n'est qu'un immense « mécano » aux rouages multiples et efficaces, il n'y a qu'un pas. Et la personne de sagement s'inscrire dans ces automatismes au mieux de la performance collective. Or, quand on examine les fondements théoriques des approches de management, deux grandes tendances apparaissent, théories de base qui structurent les actions de chacun, même à son corps défendant.

La première de ces approches est *mécaniste*. Elle aborde l'entreprise comme une machine, dessinée en fonction de sa finalité, composée d'un ensemble de rouages interdépendants dont l'action coordonnée permet de réaliser ce pour quoi elle a été construite. Ces rouages sont les structures, les postes, les systèmes informatiques ou les procédures diverses que l'on utilise pour vendre, compter, produire ou acheter. Tout problème a sa solution, il suffit, tel le mécanicien devant le moteur défectueux, de changer la pièce ou de remettre d'équerre ce qui a été tordu. Améliorer la performance de la machine revient à agir sur les systèmes, les rouages, les structures ou les procédures. Les personnes n'ont qu'à s'insérer dans ce bel ensemble et tout ira pour le mieux.

La seconde approche pourrait s'appeler *personnaliste* – sans la confondre avec la philosophie du même nom. Dans cette seconde approche, on considère que la personne est la source principale de la performance. On s'intéresse alors aux caractéristiques personnelles, à la personnalité et à la motivation. On suppose également qu'il n'y a pas forcément d'opposition entre les intérêts de la personne et ceux de l'entreprise.

À la première approche on associe le taylorisme et la bureaucratie ; à la seconde, tout un ensemble de théories humanistes auxquelles tout le monde semble se rattacher. Dans la réalité, il n'en va pas de même. Sans doute nos pratiques de management ne se sont-elles pas débarrassées du « mécaniste ». Dès que quelque chose ne va pas, on cherche à modifier les structures et les règles. Il en va de même dans l'entreprise.

Après tant d'années d'observation des entreprises, des managers mais aussi de ceux qui théorisent, enseignent et conseillent sur ce sujet, il apparaît que deux grandes catégories de personnes se distinguent fortement sur le fond : ceux qui considèrent que le bon fonctionnement des organisations dépend de la qualité des systèmes, et ceux qui penchent plutôt du côté des personnes. Évidemment, il est « managérialement » correct de dire que les deux sont importants, mais au fond, on penche toujours d'un côté. Et cette différenciation a une grande importance en temps de crise.

En effet, les approches mécanistes et les tenants du système, pour reprendre une opposition certes trop brutale, mettent surtout en valeur la rationalité. Les

approches personnalistes sont plus sensibles à l'importance des émotions et celles-ci sont justement centrales
quand survient la crise : peur, tristesse, colère sont ici au
rendez-vous. La rationalité des systèmes a du mal à les
prendre en compte. La crise du management vient de
ce que l'on a formé des managers tellement mécanistes
dans leur approche qu'ils risquent d'être fort dépourvus
quand la crise exacerbera les émotions.

C'est ce que nous allons maintenant aborder en regardant les différents éléments de cette crise.

Partie II

DES ÉLÉMENTS POUR COMPRENDRE LA CRISE

Nous sommes en crise. On n'a pas arrêté de parler ces trente dernières années de changements profonds, mutations, transformations ou bouleversements comme pour se faire peur, mais cette fois, ça y est ! La crise n'est plus seulement un élément du contexte, mais elle est le contexte. Dans la presse, les conversations ou les débats, il n'est plus question que d'elle : la réalité protéiforme de notre vie économique et sociale semble se réduire à ce seul phénomène.

Mais cette crise semble être une feuille morte poussée par le vent de l'actualité qui la laisse provisoirement se poser sur des terrains bien différents : on nous parle de secteurs de l'économie, de comportements, de pratiques d'entreprises, de réactions gouvernementales. Il semble que les éléments qui la constituent sont nombreux et l'Histoire distinguera entre l'important et le secondaire, l'essentiel et l'accessoire.

Nous choisirons de distinguer trois catégories d'éléments majeurs :

- les conséquences naturelles sur le management des *problèmes d'activité* engendrés par la crise ;
- l'inadaptation des théories, pratiques et *approches du management*, longuement développées au fil des dernières décennies, et fondements de la formation des managers actuels ;
- les réactions de *la personne dans la crise* et leurs conséquences dans les relations humaines.

Pour conclure, nous développerons la conception même de la mission de management dans cette situation de crise.

Chapitre 4

L'activité dans l'entreprise en crise

Manager, c'est faire en sorte qu'une action collective soit efficace. Cette mission est donc indissociable de l'activité à réaliser. Il est bon de le rappeler étant donné la tendance à restreindre le management à une dimension relationnelle ou socioculturelle. Les soubresauts, ou plutôt les chutes brutales d'activité, ont un impact immédiat sur le management puisque l'on ne vend plus – comme c'est le cas actuellement dans l'automobile, l'immobilier, l'habillement ou l'acier, voire le pétrole dont la consommation a commencé à baisser.

En matière d'activité, deux éléments caractérisent une crise : d'abord les *manques*, d'ordre matériel et moral, puis, en réaction, les *actions* entreprises pour survivre. Manques et actions donnent à voir les conséquences de l'évolution de l'activité sur le management.

Les manques

Cinq manques principaux deviennent criants dans cette crise de l'activité : le crédit, les clients, le moral, les repères et les perspectives d'avenir.

Faute de cash

Probablement les historiens noteront-ils qu'il y eut une « drôle de crise » comme il y avait eu une « drôle de guerre » en 1939. Nous vivons, fin 2008 début 2009, une drôle de crise parce que les medias nous en abreuvent et nous égarent dans les chiffres de pertes, garanties et plans de relance, sans que la crise soit forcément sensible dans la vie courante.

La crise a en effet le caractère encore peu visible du manque de crédit. Le crédit, c'est l'argent qui permet à l'entreprise de fonctionner au quotidien, de payer ses fournisseurs et ses salariés, de faire les gros ou petits investissements, comme l'avance d'argent pour produire ce qui sera peut-être vendu sans être encore payé. En effet, une entreprise meurt de problèmes de crédit et de finance : ce n'est pas l'inadéquation des produits ou le manque de conscience professionnelle qui cause la perte d'une entreprise, mais son incapacité à pourvoir honorer ses dettes.

La situation est presque encore plus terrible quand le manque de crédit oblige l'entreprise à interrompre ses activités, voire à mettre la clé sous la porte alors que les clients et les projets sont là. Le nombre des défaillances d'entreprises augmentait fortement en septembre et octobre 2008, et la presse de décembre commençait à donner la liste des institutions au-dessus de tout soupçon qui se retrouvaient avoir investi fort imprudemment des masses financières importantes, au risque de mettre en péril leur existence, leur réputation, voire leurs structures de gouvernance futures.

Les faillites bancaires et la suspicion généralisée sur l'état de santé des établissements financiers ont rendu difficile le refinancement des banques, ayant toutes pour objectif – ne sachant pas toujours l'état de leurs risques – de présenter les moins mauvais bilans. Cela ne conduit pas à beaucoup de hardiesse dans l'allocation de crédits.

Pour le management, cette crise est terrible pour l'interne quand les clients et la production sont encore là, mais que les affaires s'arrêtent, faute de cash. Dans un pays où un tiers de la population confond chiffre d'affaires et bénéfice, ces subtilités d'économie de l'entreprise ne vont pas de soi, et il est difficile de maintenir un minimum de motivation et d'esprit professionnel dans ces conditions.

Quand les clients se font rares

La raréfaction des clients a au moins le mérite de la visibilité. Une activité qui chute de 40 % par rapport à la même période de l'année précédente, cela se voit. Des salles de restaurant vides, des stocks d'écrans plats qui s'accumulent, des parkings de voitures neuves qui débordent, tout cela se remarque. Certes, cela crédibilise le discours du management mais sans rassurer pour autant.

Le manque de clients a une certaine évidence. On attend, on peaufine quelques travaux pour se donner l'illusion que l'on travaille encore, on fait du rangement et du classement, on prend le temps de discuter et de parler des jours meilleurs. Mais on se demande surtout combien de temps peut durer cet état d'apesanteur. On cherche à décrypter les scénarios possibles pour traverser la crise, à s'y adapter ou simplement à y survivre. C'est une période difficile pour le manage-

ment parce que les questions fusent sans que les managers aient les réponses ; d'ailleurs, le manque de
questions, le silence figé, sont encore plus paniquants…

Moral en berne

En ces temps de crise, le moral est fondamental.
D'ailleurs, un ancien ministre de l'économie disait que le
seul indicateur économique pertinent était précisément
le moral des ménages. Toutes les enquêtes s'accordent à le
trouver très bas. Il en va de même pour celui des patrons
qui constitue un indicateur économique très important.

Notamment en Allemagne, il semble que de ce côté-là,
la chute ait été brutale dès l'automne 2008 : les entrepreneurs s'étonnaient un peu avant l'été de ne pas voir
encore les conséquences de la crise immobilière américaine, anglaise ou espagnole atteindre les côtes françaises, mais l'abordage violent s'est opéré à l'automne.
Que ce soit dans le commerce de détail ou dans les
autres secteurs de la société, on note le manque de
confiance et de moral des ménages.

L'écroulement des repères

Dans ces périodes de crise éclate soudainement le
manque de références. Ceux qui travaillent depuis le
début des années 2000 n'ont connu que la croissance,
dans un vent de libéralisation et dans le développement
de nouvelles pratiques sociales qui ouvraient le monde.
Certes, le climat se réchauffait, mais il semblait qu'un
mouvement profond en tenait compte et commençait à
s'organiser pour entamer des actions. Soudainement,
c'est une évolution brutale qui ne correspond à rien de
connu jusque là !

Immédiatement on reprend les livres d'histoire sur la crise de 1929. On s'aperçoit alors que, même si le président de la Federal Reserve est l'un des experts mondiaux de la crise de 1929, il n'a pas pour autant réussi à l'éviter ; de même, les atermoiements de septembre 2008 avec le plan Paulson ont montré que l'autorité du professeur Bernanke avait ses limites… Les optimistes diront que les conséquences de ce qui s'est passé en septembre – parce que nous avons effectivement frôlé le pire – auraient sans doute été plus dramatiques encore sans l'expérience de ces historiens et experts.

Alors on ressuscite Keynes. Beaucoup se gaussent de la soudaine transformation des libéraux en keynésiens. Pourtant, il n'y a rien à redire à revisiter Keynes : l'économie n'est pas matière à dogmes intangibles mais approche pragmatique de la réalité. Les théories nous aident à analyser des situations et à imaginer des solutions qui n'ont pas pour vocation de soutenir des thèses mais plutôt d'être efficaces. C'eût donc été un péché de ne pas solliciter Keynes.

Le plus frappant est ailleurs. Dans l'économie d'avant la crise, d'avant Lehman Brothers ou d'avant les *subprimes*, d'aucuns défendaient des positions totalement idéologiques en ayant en tête une vision idéale du monde à laquelle la réalité devait obligatoirement se conformer. Soudainement, ce bel échafaudage s'effondre. Au-delà de convictions économiques dont on comprend qu'elles soient naturellement fragiles, c'est toute une conception du monde et de la place de l'entreprise qui se joue.

La crise met à jour le manque de références. On ne sait pas quoi penser, on ne sait plus repérer l'essentiel de l'accessoire, toute idée devient possible et la diversité des informations, aussi étranges qu'inattendues, ne fait que renforcer le manque de repères.

Un avenir dans le brouillard

Plus crucial encore, le manque de perspectives. La crise ne signifie pas seulement que le quotidien est bouleversé : elle brouille l'avenir. On peut d'autant moins supporter le tunnel que l'on n'en voit pas le bout. Aux premiers soubresauts de la crise, en 2007, aux États-Unis, et à la première chute brutale de la Bourse à la même époque, les commentateurs prévoyaient un retour à la croissance au premier, puis au second semestre 2008. Au moment de la crise de l'automne, on le prévoit fin 2009, et au début de l'année 2009, personne ne voit plus d'éclaircie avant 2010… Les entrepreneurs prévoient quant à eux deux années diffi-ciles et un début de reprise en 2010. Les journalistes ne vont pas jusqu'à demander sur quels éléments d'analyse peuvent se fonder de telles prévisions. Personne n'en sait rien : il en va ainsi de la situation générale mais aussi de la situation particulière de chacun. Manager dans ces conditions, c'est s'adresser à des personnes qui ont en commun de ne plus avoir de perspective ni sur la situa-tion de l'économie, ni sur celles de l'entreprise et de leur poste.

Les actions à entreprendre

Face à ces manques multiples, dans l'urgence, le champ des actions s'élargit, des plus traditionnelles aux plus nouvelles, la crise ayant également la particularité d'étendre l'éventail des possibilités, pour le meilleur et pour le pire. Manager dans ces circonstances ne revient donc pas à faire seulement de la communication, même si c'est quelque chose d'important sur quoi nous reviendrons. Essayons de lister les principales actions possibles, regroupées en trois grandes catégories.

S'ajuster aux circonstances

Les actions d'ajustement permettent d'adapter la voilure à l'activité. La première adaptation consiste à *cesser de recruter* et à *licencier*. Si, en effet, les licenciements proprement dits sont plus médiatisés, c'est l'arrêt du recours aux emplois intérimaires qui apparaît d'abord, comme on l'a vu depuis de nombreux mois dans l'automobile. L'intérim constitue en temps normal un efficace mode d'accès à l'emploi pour les personnes, et un moyen fiable pour les entreprises de tester les candidats et de variabiliser leurs coûts. Pourtant, les intérimaires constituent les premières « victimes » des actions d'ajustement. Aujourd'hui, nombreux sont ceux qui restent sur le carreau, bien qu'ils n'apparaissent pas dans les plans sociaux dont parle la presse. Les générations nouvelles, privées de cette rampe d'accès au travail, ne font pas plus de bruit qu'eux, de même que celles qui ne sont même plus recrutées.

Viennent ensuite les inévitables licenciements. Drame pour les personnes concernées qui ont du mal à retrouver un emploi dans une situation difficile où la prime est donnée à ceux qui sont déjà en place, la question des licenciements est toujours délicate. Mais choisir de licencier ou non n'est pas tellement la question, en situation de crise, quand l'entreprise perd un tiers de son activité alors que ses marges sont faibles. La question est plutôt de savoir « qui » et « quand ».

Le « qui » renvoie aux critères de choix suivants : compétences obsolètes ou moins utiles pour une éventuelle reprise, âge, ancienneté. Plusieurs logiques peuvent prévaloir, aucune ne s'impose vraiment. À l'automne dernier, une entreprise brutalement touchée par la crise a décidé de diminuer de 10 % ses effectifs. Tout en respectant les conditions légales liées aux plans de sauvegarde de l'emploi, elle demande à chaque responsable de secteur d'étudier comment appliquer cette réduction d'effectif, dans le cadre d'une démarche participative répondant aux exigences de transparence et de concertation. La démarche est belle sur le papier, mais c'est une chose de traiter de cas d'école au tableau, une autre de mettre concrètement en œuvre la mesure quand la décision est prise et que de vrais noms doivent être portés sur la liste. Le « quand » est tout aussi complexe. Faut-il licencier alors que l'on a fait des bénéfices et constitué des réserves ? Faut-il attendre de les avoir épuisées, essayer de tenir le plus longtemps possible au risque de ne plus avoir de marge de manœuvre pour assumer une reprise ? Démagogie, prudence et responsabilité ne font pas bon ménage.

Les actions d'ajustement conduisent aussi à *variabiliser* les organisations. Cela ne signifie pas seulement s'assurer la flexibilité en ajustant l'effectif aux soubresauts de l'activité, mais aussi réorganiser profondément pour faire les choses autrement. Dans des situations de crise, les besoins de mutualisation, de « transversalisation » ou de regroupements deviennent évidents. On savait depuis toujours qu'il fallait éviter les redondances, échanger les expertises, mutualiser les compétences. Tous les rapports d'audit avaient pointé les défauts de cloisonnement et de manque de communication. Mais maintenant, cette obligation devient impérative : on s'aperçoit que le changement s'avère possible dès que l'on a l'épée dans le dos.

Le troisième mode d'ajustement est financier. Il s'agit d'*économiser*, en premier lieu pour récupérer de la trésorerie parce que les échéances sont là et le crédit rare. Il s'avère ensuite nécessaire de dépenser au mieux, au regard de l'intérêt justifié de la dépense. La démarche budgétaire un peu pataude s'est ainsi trouvée bousculée par la nécessité de revoir les objectifs de trésorerie. Au dernier trimestre de 2008, on ne compte plus les annulations de projets, de manifestations, ou d'actions en cours. Certes, on parle des annulations de commande des Airbus 380, fin décembre 2008. Mais sans faire la « une » des journaux, le cumul de décisions moins spectaculaires a des conséquences tout aussi désastreuses. La crise crée la crise : et tous les entrepreneurs de savoir qu'en annulant un projet ou une action, ils ne font qu'aggraver la crise chez leur prestataire. C'est la mécanique infernale de l'économie et son paradoxe qui signifie avant tout interdépendance, alors que les agents sont, eux, soucieux de leurs propres intérêts.

Donner du sens

L'homme vit aussi de symboles, autrement dit de sens. Dans l'action, le contenu a autant d'importance que le sens. Dans un contexte de crise, nombreuses sont les actions symboliques possibles. Les premières consistent à montrer que la crise existe pour tout le monde, et pas seulement pour ceux qui vont en souffrir en premier lieu, comme par la perte de leur emploi.

L'exemple à ne pas suivre est celui d'AIG qui, en octobre dernier, juste après avoir reçu 85 milliards de dollars de prêts de la part du gouvernement fédéral américain pour ne pas faire faillite, dépensait 440 000 $ pour un séminaire de dirigeants dans un hôtel luxueux. Bien qu'AIG soit une très grande entreprise et bien que les cadres concernés par ce séminaire n'avaient rien à voir avec les secteurs de la compagnie impliqués dans les produits financiers toxiques, le symbole est intolérable. Dans les actions symboliques, le problème n'est pas le montant des sommes d'argent, ridicule en l'espèce face aux pertes sur les produits toxiques, mais le signal envoyé au reste de l'entreprise. Quand la crise est là, on se serre les coudes, on montre de la solidarité, on prend des actions visibles.

Le champ possible des actions symboliques est infini. Certaines entreprises suppriment totalement les voyages, d'autres réduisent la catégorie des hôtels où descendent les commerciaux. On modifie les modes de rémunération de certaines personnes, les modes de rétribution du comité de direction. On reporte des investissements, on annule des recrutements, on supprime des manifestations. Souvent ces mesures coûtent plus qu'elles ne rapportent mais le problème n'est pas là.

Une autre manière de faire du symbolique est de modifier le fonctionnement normal de l'organisation. Toute dépense doit désormais être visée au plus haut niveau. On demande aux gens d'apporter leurs idées, on les fait participer à des travaux de réflexion sur la situation, on les réunit régulièrement pour faire le point d'état-major, et la métaphore a de l'importance.

Préparer la sortie de crise

Le troisième niveau d'action a une autre efficacité, celle de permettre non seulement de se protéger ou de redonner de la confiance, mais encore de préparer vraiment la sortie de crise. Ces actions supports sont destinées à préparer l'entreprise et à faciliter son redémarrage.

La principale action à mener en temps de crise touche *la communication*. On explique, on rassemble, on diffuse. Le but de l'opération est de rassurer d'une part, de fournir des grilles de lecture communes d'autre part, de créer de la relation enfin.

Par ailleurs, il faut soutenir ceux que des auteurs américains appellent les « *survivants* ». Le terme n'est pas très heureux, mais son caractère dramatique pose peut-être la question au bon niveau, hors de la langue de bois managériale. Ceux qui ne sont pas directement touchés mais sont prêts à redémarrer au moment opportun se trouvent aussi dans une situation difficile. Ils doivent faire le deuil d'un certain passé, surmonter leur éventuelle culpabilité d'avoir échappé aux décisions les plus dures, se mobiliser sur un mode de travail plus exigeant, plus risqué et souvent moins confortable.

Enfin, il convient de *prendre date pour le futur.* Il faut savoir continuer de recruter les personnes dont on n'a pas besoin aujourd'hui mais qui seront indispensables demain. Il faut continuer de penser en termes de compétences, d'organisation, de motivation ou de développement, tout simplement pour accompagner le processus de maturation de ceux qui seront importants dans le futur. Il faut enfin savoir repérer dans ces circonstances difficiles les personnalités fortes et les potentiels que seules les situations critiques permettent de révéler. Dans ces périodes bouleversées, les idées et les personnalités nouvelles n'apparaissent jamais à l'endroit où on les attend. Il s'agit d'assurer la veille, de relever la tête du guidon de l'urgence pour rester attentif aux premiers signes de la renaissance.

Chapitre 5

Les approches du management :
des principes dépassés

En tant que science, le management pourrait bien être une « science coucou », du nom de l'oiseau qui s'installe dans le nid d'autres espèces. De la même manière, le management a emprunté à d'autres disciplines – l'économie ou l'anthropologie – ou à d'autres champs que l'entreprise – comme l'armée ou le sport. Mais depuis que certains se sont érigés en spécialistes d'une discipline naissante, que des écoles enseignent, que des éditeurs produisent des livres, qu'une profession s'est officiellement constituée, il existe bien une caste dont les membres partagent non seulement un vocabulaire mais des approches de la réalité de l'entreprise et de son fonctionnement.

Or, on notera que ce développement des approches, pratiques et références communes date des suites de la grande crise de 1929, et surtout de la deuxième guerre mondiale. Même si on a eu plusieurs fois l'impression de traverser des crises depuis ces années, ce n'était rien à côté du bouleversement qui s'annonce. C'est dire si un autre élément de la crise est sans doute l'inadaptation de nos théories ou de nos pratiques de management au monde actuel.

Parmi ces théories et pratiques, trois tendances fortes apparaissent. La première est celle de la *reproduction* : on s'attache surtout à prolonger harmonieusement les courbes, pour maîtriser le futur par l'extrapolation du passé. La deuxième est celle du *changement*, dont on ne cesse de se préoccuper. La troisième est celle du *mécanisme*, qui conduit à considérer les modèles managériaux comme le ferait le grand Horloger de Voltaire, en extériorité, en toute puissance, en pleine maîtrise.

Les limites du concept de reproduction

Manager, c'est souvent reproduire. La plus grosse partie de la recherche appliquée en la matière consiste à repérer des contingences de succès pour pouvoir les reproduire. On ne compte plus, même si leur épistémologie est régulièrement critiquée, les recherches sur des situations à succès – ou à échec – dont on traque rigoureusement les causes afin de tirer des enseignements… utiles. Les meilleures revues, les radios et télévisions centrées sur le monde des affaires font la chasse aux *success stories* qui érigent ces expériences uniques en modèle à imiter. Quand ce ne sont pas des entreprises elles-mêmes qui deviennent des modèles : IBM, Digital Equipment, Bernard Tapie Finance, General Electric et autres étoiles filantes de la référence managériale. Le management a beaucoup fonctionné sur l'imitation. Nul doute que la crise fera émerger des entreprises nouvelles et des modèles managériaux suscitant des velléités d'imitation de toutes parts. En pleine crise, ces nouveaux modèles ne sont pas encore visibles.

La reproduction se situe aussi dans les pratiques à l'intérieur de l'entreprise. Certes, on a pris l'habitude d'analyser avec finesse les moindres variations d'indicateurs clés censées représenter fidèlement la marche de l'entreprise – mais les marges de variation étaient de l'ordre du dixième de pourcent alors que l'on est déjà autour du 0 ! De bouger entre -5 et +5 il n'y a guère que l'eau qui sente la différence, c'est en fait une autre manière de dire que tout se reproduit gentiment. Avec cette crise il n'en va plus de même : les -50 % sont légions et l'on ne sait pas comment aborder une telle brutalité.

Sans doute la procédure budgétaire illustre-t-elle mieux que tout ce principe de reproduction. Faire un budget, c'est souvent reprendre la feuille Excel de l'année précédente en faisant glisser quelques paramètres. L'avantage avec ce genre d'outils, c'est qu'il devient facile, voire ludique, de retrouver quelque équilibre demandé. Une fois que des prévisions budgétaires sont effectuées, on est formé à savoir analyser des écarts, proposer des mesures correctrices, mais avec la distance que donne la quiétude de variations infimes. Dans ce système, un mouvement un peu plus brutal que d'habitude générait réunion d'urgence et mesures immédiates après audit ciblé et diagnostic partagé.

On a même réussi à faire de cette méthode de reproduction le must du management moderne, repris en cœur et en chœur, au sens propre du terme, par le MEDEF lors d'une de ses récentes conventions. En jargon managérial moderne, cela s'appelle le benchmarking : il s'agit de repérer les pratiques des « champions » afin de les imiter ou d'en tirer les leçons.

La nouvelle frontière pour les entrepreneurs français ! On comprend bien le souci pédagogique de l'ouverture au monde, de la veille et de la comparaison aux meilleurs afin de se dynamiser, mais quant à laisser entendre que c'est le summum du management… Se benchmarker conduit à porter un regard décalé sur soi-même à partir des pratiques des autres afin, là encore, de reproduire des façons de faire.

Pour nos financiers équilibristes, la sophistication des outils mathématiques ne cache-t-elle pas une extrapolation complexe du passé afin de prévoir l'avenir ? D'où ce débat philosophique autour des marchés financiers. Anticipent-ils encore l'avenir, comme on se plaît à le dire, alors que leurs outils se calent sur des processus passés voisins plutôt que sur une anticipation réfléchie ? Certains pourraient dire alors que ce principe de la reproduction a peut-être aussi participé à l'émergence de la crise.

Le changement et les 3 P

Depuis des décennies, le changement est le thème central des séminaires de formation ou des pratiques de consultant en management. Mais le changement existe-t-il vraiment ? Dans quelle mesure est-ce une notion bien utile alors que la situation de non-changement n'existe pas en matière de management ? Pour qu'il y ait changement, il devrait y avoir stabilité : est-ce concevable dans la vie économique et sociale ? Si non, la notion a-t-elle alors un intérêt ?

On peut effectivement se demander si le changement n'est pas une autre manière de dire la banalité du quotidien des entreprises, un paradigme en quelque sorte, une métaphore pédagogique. Mais dans ce cas, on cherchera également les composantes de la métaphore, ses hypothèses fondamentales, ses biais dans notre manière d'aborder les situations managériales. Ces composantes se résument sous la formule des 3 « P ».

Le premier P est celui de *process*. Le changement de ces deux dernières décennies a surtout consisté à mettre en place de nouveaux process avec plusieurs finalités : 1) faire plus vite ; 2) garantir une certaine qualité, fiabilité et régularité des informations ; 3) intégrer le mieux possible des informations de différentes provenances et d'utilisations diverses, par exemple les données comptables avec celles des ressources humaines ; 4) répondre aux exigences des différentes formes de normalisation, certification ou accréditation. On ne dira jamais assez que c'est à cela qu'ont été consacrés les principaux budgets de changement au cours de ces dernières décennies.

Le second P est celui de la *participation*. Maître mot d'approches humanistes du management, la participation est souvent considérée comme un facilitateur du changement. Elle permet aux acteurs concernés de se l'approprier. Elle offre aussi des perspectives plus nombreuses, des ouvertures, des idées nouvelles. Depuis la mise en place de l'informatique jusqu'à la mise en œuvre des fusions, les démarches participatives ont envahi le fonctionnement des organisations de manière à rendre plus efficace l'apprentissage du changement – communication et formation venant compléter la démarche de manière opérationnelle. Finalement, le P de la participation est la prise en compte des personnes dans l'efficacité du changement, tout comme la rationalité procédurale était le concept fort des *process*.

Le troisième P est celui de *pilote*. Même si l'on parle du changement dans les organisations depuis un demi-siècle, il ne faudrait pas croire que ce soit sans effet d'apprentissage. Il semble acquis que la notion de pilote est fondamentale dans l'approche du changement. Par là, on entend le test et l'expérimentation conduisant à essayer petit pour apprendre des effets induits. Le concept est celui du temps. Le changement ne s'improvise pas, il demande du temps. En situation de crise, c'est ce qui manque le plus.

Une vision mécaniste du management

Le management, tel qu'il est appris et enseigné, donne énormément d'importance à l'organisation vue comme un superbe mécanisme, dont le manager tout-puissant pourrait maîtriser les rouages et le fonctionnement. Nous avons déjà parlé, dans la première partie de cet ouvrage, de cette approche du fonctionnement des organisations. Elle a au moins trois caractéristiques fortes qui structurent beaucoup de modes de pensée et d'approche des problèmes.

Premièrement, elle donne le sentiment de la maîtrise des événements. Dans une bonne gestion, on sait ce qui se passe, on dispose des indicateurs pertinents pour suivre l'activité, on a renseigné l'ensemble des chaînes opératoires dont la somme résume le fonctionnement de l'entreprise dans son ensemble. Dans chacun des secteurs, qui ont le plus souvent arbitrairement découpé l'activité de l'entreprise, on dispose des moyens de savoir, maîtriser, contrôler et anticiper ce qui se passe. Le gestionnaire est considéré alors comme celui qui est en maîtrise, même s'il fait sourire en laissant parfois l'activité elle-même passer au second plan. À cette maîtrise vient s'adjoindre l'idée de planification, c'est-à-dire d'une maîtrise non plus de l'actualité mais du futur. Le gestionnaire peut avoir l'impression de maîtriser le temps. Qu'y a-t-il de plus fascinant aujourd'hui que les analyses historiques quand vous consultez les journaux boursiers : toutes ces courbes qui vous disent comment devrait évoluer le cours de votre action dans les mois et les années qui viennent…

Deuxièmement, le mécanisme conduit à travailler sur les outils. On n'est jamais allé assez loin dans la perfection des outils de gestion. À tous les niveaux, on multiplie les spécialistes de l'analyse, de l'audit, du diagnostic et de l'étude qui justifient leur poste en découvrant des moyens de mesurer, de représenter et de contrôler toujours plus sophistiqués. Au point que l'on assimile les outils à l'existence d'une politique, donc d'une pensée ! Au cours d'un travail sur le cas d'une PME qui se décrivait à grands traits – des données sur son effectif, ses rémunérations et ses problèmes sociaux – on demanda à un public de spécialistes des ressources humaines quelle était la politique de GRH de cette PME. La responsable des ressources humaines d'une entreprise anglo-saxonne très moderne répondit qu'il n'y avait pas de politique puisque la PME ne disposait pas d'entretiens annuels, de comités de carrière, de *succession planning* et de management de la performance. Pour elle, c'était les outils qui faisaient la politique : pas d'outils donc pas de politique. On voit là une illustration concrète des dérives dans la manière d'aborder les questions de gestion.

Bien évidemment, il est rassurant de travailler sur les outils. Chacun y retrouve son âme de petit ingénieur devant le mécano organisationnel. En plus, la technique fascine avec toutes les possibilités qu'elle offre, comme dans le syndrome de la machine à laver. Vous devez changer cet ustensile indispensable au foyer. Le vendeur vous présente un modèle excellent avec 36 programmes, puis un autre avec 54 programmes de lavage. Comment résister à la possibilité d'avoir 54 programmes… même si on en n'utilise toujours que 2 !

Troisièmement, le mécanisme s'appréhende non seulement en dehors des personnes, mais mieux, il est censé éliminer toutes les incertitudes qui leur sont liées. L'évolution des organisations n'a-elle eu d'autre préoccupation que d'écarter toutes les sources d'incertitude sur le bon fonctionnement de l'organisation ? Les personnes sont une de ces sources d'incertitude : les ingénieurs l'ont tragiquement montré à Tchernobyl en 1986. Au-delà de la mise en œuvre des process, ne faut-il pas voir aussi le souci de s'exonérer de tout risque d'interprétation de la part des acteurs, de toute intervention non désirée de ceux-ci ?

Reproduction, changement et mécanisme sont trois notions qui ne décrivent pas seulement des manières de faire dans le management. Elles creusent un sillon, elles produisent progressivement une certaine vision du monde, de l'activité économique, des personnes et du temps. En situation de crise, ces modes de représentation ne s'avèrent pas forcément pertinents. En effet, il ne s'agit plus de reproduire mais d'imaginer et de créer ; il ne s'agit plus d'assurer le changement mais simplement de survivre et de penser à tirer la tête hors de l'eau le plus haut possible ; il ne s'agit plus de maîtriser et de planifier mais de faire ce que l'on peut, avec le sens aigu de la réalité et l'intuition des signaux faibles par-dessus le marché.

Chapitre 6

La personne dans la crise

Le management est une activité humaine : il s'agit toujours de tenter d'influencer les comportements d'un collectif pour atteindre un résultat, même si ce n'est pas toujours la manière dont est vécue la mission par ceux qui l'exercent. La position et les réactions de la personne dans les situations extrêmes constituent donc un troisième élément à prendre en compte. Les grandes crises dans l'Histoire ont révélé les comportements les plus surprenants, dans la grandeur ou la bassesse, dans l'héroïsme ou la lâcheté, dans l'action ou dans l'apathie. Au moins dispose-t-on de quelques références pour comprendre ce qui se joue, à défaut de pouvoir le maîtriser. La crise atteint les personnes : elles ne sont pas des mécanismes économiques désincarnés.

Comme ces Américains qui ne sont pas choqués de pouvoir acheter une maison sans argent, ces financiers pris par la frénésie et la griserie des placements, sans parler de tous ceux qui vivaient des largesses permises par les bonus faramineux de banquiers hors de la réalité. Mais aujourd'hui, la crise ajoute à la crise : reporter ses investissements, se mettre à acheter *low-cost* et *hard discount*, supprimer des achats qui paraissent soudainement somptuaires, cela ne fait qu'aggraver encore la crise des autres. Et la myriade de comportements de retrait et de défiance crée une crise plus grave encore.

Nous examinerons donc successivement trois éléments pour aborder la crise actuelle au niveau humain. Le premier concerne *la personne dans ses besoins* – dont la satisfaction devient plus difficile dans ces circonstances. Le second touche *les tactiques mises en place* par les personnes dans une telle situation. Le troisième concerne enfin *les relations humaines*, qui constituent le socle du fonctionnement social d'une entreprise.

Les besoins de la personne

La notion de besoin a traditionnellement été à la base de la réflexion sur la personne, ses comportements et leur rationalité. Il existe de nombreuses approches dont font état tous les bons livres de psychologie abordant la question de la motivation. Ce n'est pas le lieu d'en faire le recensement exhaustif mais quatre au moins de ces besoins[1] méritent d'être examinés parce qu'ils sont plus difficiles à satisfaire en cas de crise.

Acquérir

La personne a besoin d'acquérir, d'accumuler. Certes des biens matériels, de l'argent mais pas seulement : Don Giovanni a ce même besoin, mais en matière de conquêtes féminines. La crise vient remettre en cause cette logique d'accumulation propre à la société de

---

1. D'après les travaux de Lawrence P.R., Nohria N., *Driven : How human nature shapes our choices*, Jossey-Bass, 2001.

consommation. Les publicités de Noël 2008 sonnaient faux dans ses délires de consommation, alors que ni le moral ni les possibilités d'acheter n'étaient au rendez-vous. Il peut y avoir une certaine angoisse devant la perspective de ne pouvoir continuer d'acheter des biens nouveaux, de changer régulièrement de voiture ou de portable, et de devoir compter au plus juste. Les longues promenades dominicales dans les centres commerciaux, dernière étape en date du progrès de notre société, deviennent bien tristes.

Comprendre

Comprendre est un autre besoin, atteint encore plus fondamentalement par l'arrivée de la crise que le précédent. On néglige souvent ce besoin essentiel de comprendre l'univers dans lequel on se trouve. Ce besoin d'ordre est notamment illustré dans certaines théories comme celle de la « dissonance cognitive ».

Or, la crise crée du désordre. Le monde que l'on croyait établi se fissure : rien de ce qui paraissait évident hier ne semble encore tenir. On disait que l'immobilier ne pouvait que structurellement conti-nuer d'augmenter et ce n'est pas le cas. On considé-rait que les institutions financières ayant pignon sur rue seraient totalement inoxydables et invulnérables dans la crise et ce n'est pas le cas. Même celles dont la réputation de sérieux avait accompagné des généra-tions semblent avoir des problèmes qui pourraient remettre en cause leur existence. Bien entendu les hommes politiques et les banquiers s'évertuent à rassurer, mais dans la confusion ; les actions trop marquées pour expliquer que tout est normal se retournent contre leurs auteurs et ne font qu'ajouter au désordre perçu.

Qu'en est-il dans l'entreprise ? Depuis des années, des messages ont été régulièrement diffusés pour attester de la pertinence des stratégies mises en œuvre. Chaque convention annuelle faisait état d'une analyse pertinente des marchés, d'une réflexion étayée sur les stratégies, du contrôle parfait des données essentielles du business. Une première crise survenait en 2006-2007 concernant le prix des matières premières : elle exigeait de profonds changements mais une croissance soutenue permettait d'y faire face.

Mais quand les institutions comme les banques commencent à trembler, il est difficile de ne pas se poser des questions. Avec cette crise, c'est toute une approche de l'économie qui se trouve modifiée. Jusque là, on considérait qu'on évoluait dans un monde en croissance avec l'assurance des bons choix d'activité. On ne s'étonnait même plus des quelques pourcents de bénéfices annuels qui paraissaient énormes en valeur absolue et suffisants pour permettre augmentations, bonus et dividendes. Or, soudainement, on ne parle plus en pourcents mais en dizaines de pourcents d'effondrement de l'activité. On avait entendu depuis des années des discussions sans fin sur quelques points de croissance ou de part de marché à grappiller avec difficulté et, là encore, on n'est plus dans le même monde.

Dans ces situations, on n'est plus certain de bien comprendre les règles de l'économie, tout devient possible, tous les discours semblent prendre la même importance : ceux qui voient les signes permettant d'imaginer que l'on va échapper à la crise, ceux qui décrivent les cercles infernaux d'une mort annoncée, ceux qui voient venir la sortie de crise dans quelques mois, ceux qui ne voient aucune issue puisque tout sera fondamentalement différent. Les discours sont suffisamment étayés pour redonner une apparence d'ordre, mais ne sont jamais totalement satisfaisants. Ainsi l'institution, l'entreprise, la direction, les collègues, tout devient confus dans leurs discours, tout perd de sa crédibilité. L'entreprise qui paraissait être un refuge devient à son tour menaçante, rien de ce qui s'y passe n'est plus compréhensible.

Se sécuriser

La crise met en jeu la sécurité de chacun, de son emploi donc de ses ressources et de son mode de vie. Mais, au-delà, c'est un statut social, une place dans la société que l'on croyait acquise et qui se trouve brutalement remise en cause, à l'image de ce salarié de Lehman Brothers en jeans, devant le siège de la banque en verre et acier, portant le petit carton de ses affaires personnelles, maigre reliquat de quelques années de travail dans la banque triomphante. Ce risque de perte de statut est central dans une société où l'emploi et toutes les facilités de consommation qui lui étaient attachées constituaient une source d'identité. Pour beaucoup, la crise représente la rupture avec un mode de vie basé sur la surconsommation. L'équilibre se trouve menacé.

Dans les situations de management, ce besoin de sécurité se fait jour. Les personnes sont en attente d'être rassurées ; elles sont en manque de signe leur permettant d'imaginer que cette crise certaine ne les touchera ni directement ni fortement. Pour ce faire, elles observent attentivement tout ce qui se passe dans l'entreprise : les recrutements, les nominations, les départs, les déclarations dans la presse, les réunions, les achats. Tout devient signe. Quand on se sent en insécurité, le moindre événement est scruté pour venir renforcer ce sentiment ou au contraire le diluer. C'est pourquoi les actions symboliques sont importantes. Elles ont la faculté d'apporter la sécurité – ou son contraire.

Il ne faudrait pas croire que le besoin de sécurité ne se réveille que dans de telles situations. Dans la vulgate managériale du décideur preneur de risque, la sécurité ne semble pas intervenir. Pourtant, c'est un besoin permanent auquel les organisations ne pensent pas suffisamment. En rendant les structures plus informelles avec de multiples liens verticaux ou transversaux, on a certes sacrifié au must des organisations modernes, mais aussi souvent contribué à renforcer un sentiment d'insécurité. La crise ne vient que rajouter à cet état de fait. On sait enfin qu'en état d'insécurité, la palette des comportements envisageables s'étend et l'être humain devient imprévisible quand il en est arrivé à vouloir se sauver.

Être en relation

C'est l'expression la plus condensée pour évoquer les besoins sociaux sous toutes leurs formes, depuis le simple face à face avec des gens de confiance jusqu'aux liens plus virtuels dans le cadre de réseaux désincarnés. La personne est un être social qui a besoin de vivre avec d'autres et, plus encore, qui se construit dans sa relation à l'autre. Une situation de non-crise donne de la stabilité à cette

géographie relationnelle alors que la crise vient généralement la remettre fortement en question.

On aura remarqué que les gens parlent beaucoup en ces
périodes de crise. Ils ont besoin de s'exprimer, d'avoir
quelqu'un pour les écouter. Mais ce besoin n'est pas
forcément satisfait dans le cadre du travail. Les relations
y sont maintenant différentes : elles peuvent développer
des solidarités ou au contraire exacerber des conflits.
Quoiqu'il en soit, si les relations demeurent nécessaires,
leurs codes et leurs fondements sont perturbés.

Les stratégies de défense et les 3 R

Chacun a ses propres tactiques dans ces situations. On
dit souvent que, dans de telles circonstances, les
émotions prennent le dessus sur la raison. Pourtant, si
les comportements sont bien radicalement différents de
ce qu'ils étaient en temps normal, cette interprétation
n'est pas pour autant la bonne. En situation de croisière,
les comportements sont également émotionnels : il est
d'ailleurs artificiel de vouloir opposer les deux faces,
émotionnelle et rationnelle, tant elles sont imbriquées.
Mais dans les situations habituelles, l'ensemble des
besoins explicités plus haut sont suffisamment satisfaits
pour que des émotions positives de satisfaction et de
complétude n'entraînent que des attitudes et des
comportements prévisibles ou du moins compréhensi-
bles par nos sociétés policées. Ce n'est plus le cas quand
les besoins ne sont pas satisfaits : la tristesse de la perte
ou de l'abandon, la peur face aux réalités de la crise et à
l'incertitude de l'avenir, la colère vis-à-vis des responsables supposés de la situation suffisent à générer des

comportements impensables quelques temps plus tôt. On peut repérer au moins trois tactiques sous les 3 R du *repli*, de la *révolte* et du *retournement*.

Le repli

C'est souvent la première réaction en temps de crise. On contemple ses blessures, on évalue les coups futurs et on tente de s'en protéger. Assommoir ou coup de poing dans l'estomac, c'est maintenant le silence de ceux qui découvrent l'évaporation de leurs économies, la disparition de leurs projets d'investissement ou de retraite, la menace qui plane sur leur activité professionnelle et leur emploi. Ce repli peut prendre plusieurs formes.

La première est *la dépression*. La personne se renferme, panique, se culpabilise, s'isole. L'intensité du mouvement n'a d'égale que la griserie ou la force des illusions qui avaient précédé. Il est vrai que nous vivons dans une période où la dimension émotionnelle est fortement mise en valeur et, à l'enthousiasme inconsidéré, peut tout à fait normalement succéder un repli exagéré.

La deuxième forme est *l'apathie*, la passivité, la tétanisation, comme celle des épargnants qui voient fondre leurs économies sans oser bouger. Au sein de l'entreprise, cela revient à une sorte d'inhibition : on ne tente plus rien, on n'ose plus rien, tout semble échapper au contrôle.

La troisième forme, assez fréquente, est *la soumission aux règles*, aux événements, aux codes sociaux supposés. On en a une bonne illustration avec le comportement des jeunes diplômés. Dès que le marché du travail leur est

favorable, ils jouent les divas ; mais au premier retournement du marché, ils deviennent lisses, soumis, obéissants
et conformistes. Dans les entreprises, on commence
également à voir baisser le taux d'absentéisme, les gens
reviennent à l'heure, on en surprend à ne plus consulter
leur *Blackberry* en réunion. Les relations entre managers
et collaborateurs semblent même superficiellement
s'améliorer, chacun jouant maintenant le jeu en pensant
que c'est la meilleure protection contre les vents mauvais,
trouvant aussi un peu de sécurité dans le respect des
normes et des formes. Un autre indice de la soumission
se manifeste par une certaine prudence dans les mécanismes de prise de décision ou de concertation en laissant
les managers et l'autorité décider seuls.

La révolte

La révolte, qui peut prendre des formes très différentes,
est une autre réaction possible. C'est tout d'abord la
participation à des conflits sociaux qui ne manquent
jamais d'intervenir dans ce genre de situations (voir le
succès des manifestations du 29 janvier 2009). Ces
conflits se manifestent au sein de l'entreprise ou dans la
rue lorsque les personnes se rejoignent pour exprimer
leur colère, leur souffrance, leur peur. Car la révolte est
aussi le moyen de vivre quelque chose en lien avec les
autres, comme dans une sorte de communion rassurante
dans l'espoir de changer la situation.

La révolte peut aussi être individuelle. Les gens perdent
contrôle, laissent éclater leurs émotions, leur colère et
leur ressentiment. Contestation, revendication ou
mouvements spontanés s'expriment soudainement. En
janvier 2008, les médias ont été étonnés par la désolidari-

sation vigoureuse des salariés de la Société Générale lors de l'affaire Kerviel, alors même qu'une majorité de français tenait la banque comme responsable de cette affaire. Dans ces grands établissements financiers durement touchés par la crise, l'ambiance était très tendue, chacun prenant à parti les collègues tenus pour responsables de la situation. Sans même parler de réactions parfois violentes contre des dirigeants ou des journalistes.

La révolte a un grand avantage dans les situations de crise : elle donne le sentiment de faire enfin quelque chose. Face au caractère implacable des événements, la personne souffre d'autant plus qu'elle constate son impuissance devant le cours des événements : cela remet totalement en cause sa vision de maîtrise et de planification de sa vie. La révolte est un moyen de sortir de cette perception d'impuissance : enfin, on agit, seul moyen parfois de retrouver un sentiment d'existence, sans doute aussi une certaine dignité dans la situation d'autodépréciation qui accompagne la crise dont on est victime.

Le retournement

Quand les personnes se mettent à partir dans de nouvelles directions après le choc du repli et la réaction de la révolte, on parle de retournement ; c'est une sorte de nouveau départ. Il est frappant, en période de crise, de voir la rapidité avec laquelle les personnes peuvent changer leurs façons de voir. Les certitudes se sont effondrées en peu de temps, surtout en matière de pensée économique et managériale. Dans cette situation de confusion, on est en recherche, dans l'attente de nouvelles rationalités qui donneront une lecture pertinente du monde.

Le retournement, dans ses meilleurs effets, conduit à se mobiliser sur un projet au-delà des sempiternelles résistances au changement qui avaient ralenti le progrès de l'entreprise dans les temps anciens. Les relations se sont simplifiées, les conflits parfois aplanis. Nécessité commence à faire loi et de nouvelles perspectives s'ouvrent. Toutes les entreprises qui ont surmonté des crises font le même constat selon lequel les impossibilités du passé semblent s'envoler.

Mais le retournement peut aussi avoir les pires effets. Dans l'Histoire, les crises sont une époque bénie pour les démagogues de tout poil qui entraînent les foules derrière leurs idées simplistes. Ceci n'est pas qu'un danger sociétal, c'est aussi un problème pour le management. Il arrive un moment où l'expérience de l'entreprise et du travail se vit à travers le prisme des événements de la société. Il suffit d'un grand mouvement social lancé par la jeunesse, qui entraîne derrière elle et ses revendications la bonne conscience de la société, pour que le salarié redevienne un parent avant d'être un membre de l'entreprise.

Manager, une affaire de relations

Du fait de ces besoins et en fonction de ces tactiques, les rapports entre les personnes se modifient. Or, le management est essentiellement affaire de relation. Non seulement le travail est fait de collaborations dans le but de réaliser un objectif, mais le manager ne dispose guère que de ses comportements et de ses relations aux autres pour tenter d'influencer les comportements.

Le problème des relations humaines en situation de
crise est celui de la ligne de crête entre la solidarité et la
compétition, entre la confiance et la défiance. Les crises
donnent lieu à de remarquables élans de solidarité et de
générosité, elles suscitent aussi des luttes infernales qui
transforment l'univers policé du travail en une jungle
cruelle. Ce qui permet sans doute de comprendre le
passage d'un état à l'autre, c'est le retour aux besoins.
Chacun veut de la sécurité pour ses biens et sa
personne, chacun veut comprendre, chacun veut du
soutien. Dès que la relation aux autres peut satisfaire ces
besoins, on entrera dans une dynamique positive.

Quand la suspicion gagne

Le problème du management en temps de crise, c'est
qu'il conduit à des décisions drastiques : licencier,
supprimer des projets ou des activités, positionner des
personnes sur des tâches intéressantes ou non. Ces situations sont compétitives : tout le monde s'observe,
chacun est un concurrent potentiel pour la survie. Les
relations se tendent, la suspicion gagne. Ceci est particulièrement visible dans la période de « drôle de crise »
à laquelle on assiste durant les derniers mois de 2008 et
les premiers de 2009. Tout le monde sait que la crise est
là mais on n'en sent pas encore partout les conséquences directes. Ceux qui ont moins de travail se
protègent, font semblant d'avoir des projets ou de l'activité, ils cherchent des alliances, des soutiens et des
mentors pour leur servir de cheval afin de passer le gué
aux endroits les plus impétueux du torrent.

Mais ce qui rend les relations difficiles dans le management en ces temps de crise, c'est que tout ce qui

permettait un bon commerce dans le passé se trouve remis en cause. Une organisation fonctionne uniquement quand les différents acteurs se font mutuellement des promesses : s'ils ne les formalisent évidemment jamais, elles permettent à chacun d'avancer dans l'action avec quelque assurance. Il y a des règles, mais il y a surtout les personnes sur qui vous pouvez compter, et les autres. Il y a ceux avec lesquels vous pouvez interagir sans référence à aucune règle, et les autres. En situation de crise, tous ces réseaux de promesses invisibles éclatent. Tel collègue vous a promis une tâche et il se sent délié de sa promesse du fait de la gravité de la crise. C'est la manière dont les cocontractants fonctionnent avec des clients ou avec des fournisseurs : les contrats ne tiennent plus, on s'était engagé à des actions et on les annule, on avait commandé mais on revient sur son engagement.

La rupture des contrats

Dans des relations humaines, il était de bon ton d'ériger le contrat en modèle, comme s'il constituait l'aboutissement ultime de relations humaines de qualité ; on mesure pourtant en interne que personne ne se sent plus attaché ou obligé par qui que ce soit, pour quoi que ce soit. C'est le cas des assurances d'un manager vis-à-vis de la situation d'un collaborateur, celui d'un salarié vis-à-vis de ses collègues, d'une direction des ressources humaines vis-à-vis des salariés et, plus grave, d'un dirigeant vis-à-vis de ses collaborateurs.

Il est à craindre de devoir passer par ces phases difficiles en matière de relations humaines, avant de pouvoir éventuellement entrer dans la dynamique plus positive de la solidarité et de la construction. On voit l'enjeu, mais il n'est pas si facile de dépasser une telle expérience commune, de faire le deuil des déchirures, des déceptions et parfois aussi des multiples culpabilités. Pour ce faire il faut des catalyseurs : des leaders, des opportunités, mais aussi la prise de conscience de chacun.

Chapitre 7

Prendre acte de la mutation de l'entreprise

Pour conclure cette partie, on peut regarder comment le management « précipite », au sens chimique du terme, l'ensemble de ces éléments. De leur conjonction découle une réelle *remise en cause de la mission de management* sur *le plan individuel et collectif,* qui impose des *exigences nouvelles* de la part de managers qui *doutent de l'activité managériale* et de *ses méthodes.*

Difficultés à accomplir une œuvre collective

Une des légitimités de l'action de management est d'accomplir une activité, de réaliser un objectif. En temps de crise, ce résultat à atteindre ne va plus de soi. Il n'y a plus de clients, leurs priorités sont bousculées, leurs attitudes imprévisibles. Il n'est qu'à voir le dernier round des achats de Noël pour lesquels il était bien difficile, non pas de prévoir leur diminution mais surtout leur répartition, c'est-à-dire le luxe que les consommateurs s'autoriseraient, faute de pouvoir trouver du crédit pour une automobile ou un logement.

Une des raisons de son implication dans le travail est souvent le produit ou le secteur d'activité dans lequel on se trouve. On le remarque fréquemment auprès des travailleurs de l'automobile, du luxe ou des médias. L'appartenance à un secteur particulier est source de statut social. Mais la crise prive beaucoup de produits, d'activités ou de secteurs de cet élément de reconnaissance et de ce lustre. Quelle difficulté de manager dans une usine automobile en ce début 2009 alors que le chômage technique a duré deux mois, ce qui n'avait jamais été vu jusque là !

Ces dernières années, de nombreuses entreprises n'ont pas arrêté de travailler sur la marque – concept immatériel censé représenter l'essence même de l'entreprise. Cette marque est liée aux produits, à leur sens, voire au statut même d'employeur (la marque-employeur). Certes, on comprend bien tous les raisonnements stratégiques qui conduisent à l'émergence de la notion de marque. Mais se pose-t-on la question de savoir ce qu'elle est censée remplacer ? Si l'on veut fédérer autour de la marque, c'est que l'on ne sait plus ou qu'on ne veut plus fédérer autour d'autre chose : le sens de l'aventure collective et des relations humaines autour d'une activité commune. Car cette autre chose est devenue moins attirante et unificatrice en période de crise, notamment dans les domaines du luxe, de l'automobile ou des services bancaires.

L'entreprise, un collectif de personnes en relation

Autour de l'activité commune au sein de l'entreprise, le management tente d'influencer les comportements d'un collectif de personnes perturbées par le nouvel état de leurs besoins dans cette situation de crise. Comme nous l'avons vu plus haut, leur état émotionnel est différent et exacerbé, leurs attentes, projets et stratégies sont boulversés, leurs comportements deviennent imprévisibles.

Les fondements mêmes de ce collectif ont évolué pour le pire (risque de perte d'emploi, de fermeture d'usine) ou le meilleur (l'institution de travail comme nouveau lieu de sécurité dans une société qui ne fournit plus d'institutions stables).

Dans l'entreprise, les personnes sont en lien les unes avec les autres, une évidence fréquemment oubliée dans les théories et pratiques de management souvent représentées comme une relation en étoile du manager vers chacun de ses collaborateurs, alors que l'activité de management ne se limite pas aux actions du manager. Les liens entre les salariés sont forts. Peut-être d'ailleurs le contexte philosophique est-il en train d'évoluer en passant d'une approche anthropologique du tout-sujet à la vision plus raisonnable d'un individu en relation qui se construit avec, par, pour, contre, et par rapport aux autres.

Un besoin vital de perspective

Dans les approches managériales de reproduction, de changement et de mécanisme qui ont alimenté jusqu'ici nos réflexions et pratiques sur le management, on a sans doute oublié que l'action collective a besoin de drapeau, de perspective, d'horizon. Le management peut être partagé par le collectif, mais il est aussi parfois incarné par un leader, comme l'Histoire nous en a donné maints exemples. Animé d'une vision ou d'un idéal à atteindre, le leader trouve là un sens à son action et un fondement à son management.

Parfois, dans les situations de croisière, seule la routine du quotidien tient lieu de perspective ; dans ce cas, les organisations dérivent vers la standardisation, la répétition et se coupent de plus en plus du monde extérieur. En situation de crise, le besoin de vision à long terme est profondément ravivé.

Manager : un rôle devenu plus complexe

Le manager est souvent l'oublié des pratiques et théories de management. On en fait une sorte de bras armé, un applicateur de règles, une marionnette dont les fils sont tirés par des approches désincarnées ou, de manière plus réaliste un grognard qui râle mais continue d'avancer. Pourtant, le manager est aussi une personne. Dans des situations de crise, bien qu'il éprouve les mêmes besoins, qu'il est emporté par les mêmes émotions que les autres, il continue de représenter la figure d'autorité dont chacun attend des réponses et de la sécurité – quand il ne constitue pas le bouc émissaire de la colère et de la confusion ambiantes.

La crise va poser le problème du manager lui-même. Quel sens donne-t-il à sa mission ? Comment reconstitue-t-il lui-même dans une situation nouvelle, si différente de celle dans laquelle il a pris ses fonctions, imaginé son rôle et gagné ses premiers galons ? Les entreprises, comme les syndicats ou les associations, connaissent depuis des années des difficultés pour renouveler leur effectif de managers prêts à exercer leur mission : gageons que dans une situation de crise, ils auront toujours le même rôle, mais qu'il sera tout simplement plus complexe…

La crise du management

La crise du management couvait déjà depuis de nombreuses années, mais le management ressemblait à ce petit animal des dessins animés qui court si vite qu'il déplace le bord de la falaise sans même s'en apercevoir. La crise du management existait déjà, mais la situation actuelle crée plus de complexité, ajoute à la difficulté de redonner au management les moyens du bon exercice de sa mission. On la subissait déjà mais, comme on n'a pas fait grand-chose pour valoriser cette mission dans nos organisations, on s'est tout simplement mis dans une situation plus délicate pour relever les enjeux nouveaux de la brutalité de la crise économique. Nous sommes finalement, en matière de management, comme la France dans la crise financière : après avoir joué les cigales en matière de finances publiques, alors que d'autres pays se réformaient et amélioraient leur situation financière en périodes de vaches grasses, nous nous sommes mis dans une situation encore plus délicate pour pouvoir relancer la machine économique. Le couperet du remboursement de la dette nationale n'en devient que plus affûté.

Les difficultés à affronter

La crise du management peut s'exprimer avec la métaphore classique de l'effet de ciseau. D'un côté, on a de plus en plus besoin de management, de l'autre, il y a de moins en moins de goût, de compétence ou de volonté de l'exercer.

Depuis longtemps déjà, dans des formes d'organisation modernes, il est évident que l'on a besoin de plus de management de proximité. Les compétences nécessaires pour exercer cette mission de manière efficace sont encore plus difficiles à développer. Prenons trois illustrations de ces formes nouvelles de l'activité.

De plus en plus de personnes se trouvent en situation de *management à distance* et travaillent avec un manager ou des collaborateurs éloignés. Tous les conseils en la matière convergent : plus vous êtes à distance, plus vous devez faire de la proximité. C'est une bonne idée, mais c'est simplement plus compliqué. Le manager se transforme alors en organisateur d'événements, il doit être sensible aux finesses des signaux faibles de la relation à distance, prendre les initiatives nécessaires pour anticiper les besoins alors que tout se passait si naturellement dans le face-à-face quotidien d'un management plus classique.

Les managers peuvent se trouver dans les situations de plus en plus fréquentes de *« gestion des divas »*, experts, talents, haut potentiels ou, à tout niveau, individualistes forcenés pour lesquels l'activité collective ne va pas de soi. Là encore, les managers sont contraints à un fort investissement personnel, car le management n'est plus seulement l'exercice naturel d'une autorité, mais une intervention plus humaine, basée sur la négociation, la concertation, la séduction, voire l'intimidation, toujours plus exigeante de la part du manager.

Les *groupes de projet* et autres structures transversales constituent enfin également des situations dans lesquelles manager n'est pas chose aisée. Rassemblant souvent de manière provisoire des compétences complémentaires pour l'accomplissement d'un projet, elles mettent le manager dans une posture difficile de coordination et de négociation. Plutôt que de diriger, tel le porte-drapeau Bonaparte devant le Pont d'Arcole, le manager doit œuvrer discrètement pour que tout se passe bien, sans même qu'on s'aperçoive de son travail.

L'activité managériale est-elle devenue inutile ?

Par ailleurs, il n'y a pas forcément volonté de faire du management. Les entreprises mettent en place des process toujours plus sophistiqués comme si elles rêvaient de pouvoir se passer de la charge de l'activité managériale. Elles se rallient au mythe selon lequel, si toutes les tâches et fonctions sont bien définies, la coordination et l'animation ne seraient plus nécessaires. Cela tombe d'ailleurs très bien puisque les salariés rêvent aussi d'un travail sans leadership : toutes les enquêtes ne montrent-elles pas qu'une des valeurs principales liées au travail est l'autonomie ? Par là, il faut sans doute entendre qu'ils veulent surtout être tranquilles, dégagés du poids d'une autorité qui s'imposerait à eux.

Mieux encore, les managers sont assez clairs sur leur mission, une fois dépassée la langue de bois managériale sur leur rôle d'animation des personnes, consciencieusement apprise et retenue : pour eux, manager n'est pas très valorisé et c'est plutôt une souffrance qu'un plaisir. Il est vrai qu'il n'est pas aisé de reconnaître un bon management. Il en va comme de la santé, c'est quand on ne l'a plus que l'on en mesure l'importance ; il est plus facile de repérer l'atteinte d'un objectif, la réalisation d'un chiffre d'affaires ou l'accomplissement d'un projet dans les délais.

Sur le plan de la souffrance, l'exercice du management demeure une occasion permanente de se voir renvoyer une image de soi bien éloignée de son image idéale. Ainsi, dans les entreprises comme ailleurs, on fuit le management. On accepte le statut et la rémunération qui l'accompagnent, mais on valorise peu le travail humain de base, de relations, de confrontations aux autres dont on ne reconnaît pas forcément les problèmes, dont on n'apprécie pas forcément les personnalités, avec lesquels, en un mot, on ne passerait pas forcément un week-end.

Cette crise du management déjà existante ne peut qu'être aggravée par la crise actuelle parce que l'on attend de lui la sécurité, la confiance, l'ouverture de nouvelles perspectives. Or, ce n'est pas chose facile quand on n'a pas investi auparavant sur l'implication des personnes et la qualité des relations humaines qui en sont le carburant principal. Pas facile non plus quand le jeu économique à court terme a pu légitimement donner l'impression que les entreprises n'étaient que des machines à produire sans fin 15 % de rentabilité annuelle pour les investisseurs !

Partie III

LES CLÉS
POUR SORTIR DE LA CRISE

Seuls les historiens et les professeurs peuvent donner les solutions aux crises… passées. Ce n'est qu'en connaissant la fin de l'histoire que l'on peut relire les événements et distinguer les facteurs et pratiques qui ont été déterminants.

Le problème est moins simple quand on se trouve en plein milieu de la crise. Il est alors difficile de prendre du recul parce qu'on est complètement englué dans nos émotions. On est dans la crise comme ce personnage qui cherche désespérément ses clés en scrutant le sol. À son ami qui lui demande où il les a perdues, il répond : « Dans la pièce à-côté. Mais je les cherche ici parce qu'il y a de la lumière ! » Cette histoire est trop rapidement qualifiée d'absurde : a-t-on jamais réfléchi aux raisons qui nous poussent à chercher les solutions dans un endroit éclairé ? C'est tout simplement parce que c'est plus rassurant : en effet, on voit qu'elles n'y sont pas.

Appliquée à la situation actuelle, que signifie cette histoire ? Tout simplement que l'on a tendance à chercher les clés de la crise là où on a l'impression de comprendre, donc en sollicitant les mêmes paradigmes, recettes et réactions que d'habitude. Le problème, c'est que les clés sont dans un endroit obscur où il n'est pas très sécurisant de tâtonner pour les trouver. On peut tourner longtemps sans y parvenir, mais la certitude demeure qu'il y a plus de chances de les trouver là car c'est bien là qu'elles se trouvent. Ainsi il n'y a pas de solution évidente à la crise, ce sera inconfortable de tâtonner mais encore faudra-t-il le faire au bon endroit, en se posant les vraies questions, en empruntant les bonnes approches. Et ensuite, comme toujours en matière de management, chacun fera ce qu'il pourra.

Pour bien aborder la question des clés de la crise, il faut déjà accepter l'idée que son approche est multidimensionnelle. Il ne s'agit pas de découvrir le nouveau modèle, incarné par une personne, une entreprise, un pays ou une théorie pour espérer gagner en le suivant aveuglément : ce serait regarder le doigt et non la lune. Manager dans une crise d'une telle brutalité touche évidemment la pratique même des managers, quel que soit leur niveau dans l'entreprise, mais cela concerne tout autant nos conceptions de la mission de management, l'implication de la direction générale et enfin la posture de la personne elle-même dans l'entreprise. Le management est l'affaire de tous ! C'est en période de crise qu'il faut s'en souvenir, au moment où l'on aurait tôt fait de suivre aveuglément n'importe quelle idée ou pratique qui paraîtrait enlever provisoirement un peu d'angoisse.

Il est nécessaire d'avoir une autre idée simple en tête pour aborder la crise. Comme nous l'avons déjà évoqué plus haut, le management est une affaire de théorie, c'est-à-dire de manière de voir, d'angle d'approche. Faire du management, c'est faire ce que l'on peut ! Mais on peut plus ou moins en prenant le problème par le b93

on bout, en regardant là où il faut regarder. Non pas là où la lumière des idées reçues ou acceptées par le plus grand nombre nous leurre, mais plutôt dans les recoins obscurs où le bon sens anthropologique nous pousse à aborder les choses humaines telles qu'elles sont et non pas telles qu'on voudrait ou qu'on craint qu'elles soient.

Dans cette partie, nous essaierons donc :

- de définir quelques principes, de proposer des angles d'atta-que permettant justement de regarder la situation sous les feux croisés de plusieurs approches qui en donnent tout le relief ;
- de décliner ensuite ces principes sur les différents lieux et acteurs concernés par le management dans cette crise : les managers mais aussi les directions générales, les approches du management et les personnes elles-mêmes.

Chapitre 8

Manager en temps de crise

Nous distinguerons les cinq grands principes qui constituent des références de base, éléments de réalité à garder en tête au moment de manager dans une situation de crise. Ces références sont parfois contre intuitives, et vont à l'encontre des réactions immédiates. Mais le problème en situation de crise n'est pas tant le contenu des principes que leur volatilité. Chacun aura remarqué que les mêmes commentateurs peuvent régulièrement affirmer tout et son contraire dans ces situations troublées. Le problème n'est donc pas de connaître les bons principes opposés aux mauvais, mais de garder quelques idées en tête qui ne doivent pas être chamboulées à chaque nouvelle catastrophe sur les marchés.

Nous nous demanderons si *la communication* est une solution ou un problème, la crise *un choc salutaire*, *l'implication des personnes* un carburant, *l'ouverture* une nécessité et *la stabilité* un élément indispensable au changement. Enfin nous présenterons *six nouvelles manières* de manager en temps de crise, et les perspectives qu'elles offrent.

Le problème de la communication

Contrairement à ce qu'on pourrait penser, la communication n'est pas une solution : c'est un problème. Il est intéressant de noter qu'en cas de crise, la première question managériale posée est celle de la communication. Elle a évidemment son importance mais on ne sait pas toujours si l'empressement à vouloir communiquer tient à l'efficacité réelle qu'on en attend, ou à l'inconfort des dirigeants face à ce qui leur arrive, comme s'il leur fallait quelqu'un à qui parler.

La communication est un problème parce que dans ces situations on veut généralement bien faire et que les résultats s'avèrent finalement décevants. C'est un problème parce que l'on ne trouve jamais le bon équilibre entre communiquer trop ou pas assez. Communiquer trop, c'est tellement insister sur les difficultés et rompre si brutalement avec des pratiques antérieures que lorsque l'on dramatise encore plus la situation, on prend le risque de tétaniser l'ensemble de l'entreprise : « Pour qu'il nous parle et avec cette solennité, la situation doit donc être vraiment très grave ! » Un autre inconvénient dans l'excès de communication est de créer des réactions inattendues comme celle-ci : « Si on nous parle des difficultés, c'est pour préparer un futur chantage à l'emploi… »

En revanche, en ne communiquant pas assez, on prend un autre risque, celui de se voir critiqué dès que des événements surviendront : « On aurait dû nous le dire, on nous cache tout, on ne nous dit rien. »

La communication est un problème parce qu'il ne suffit pas de dire les choses pour qu'elles soient entendues, comprises, acceptées et intégrées. Ce long processus prend du temps, requiert un minimum de langage commun – qu'on suppose exister, souvent à tort, sous prétexte qu'on a quelque chose d'important à dire. Il en va des situations de crise comme de la sempiternelle question de savoir s'il faut dire la vérité aux malades. Beaucoup de médecins disent qu'ils proposent cette vérité, le problème est qu'il est naturellement difficile de la faire entendre.

La communication est un problème parce que son efficacité dépend beaucoup de l'état émotionnel du receveur. C'est l'effet Othello : on a beau lui dire que Desdémone ne le trompe pas, rien n'y fait quand le virus de la jalousie s'est insinué dans son cœur. Or , en période de crise, les émotions sont exacerbées et la rationalité des messages rencontre des difficultés à traverser cette carapace.

Si la communication est un problème plutôt qu'une solution, y a-t-il quelques clés pour la rendre efficace ? En voici au moins trois.

Premièrement, l'efficacité de la communication ne vient pas seulement de ce qui est communiqué et des médias utilisés. Elle est aussi liée à l'environnement. La qualité des relations humaines fait beaucoup pour donner un vrai sens à ce qui est dit. Ainsi, on ne peut se satisfaire d'envoyer des messages et de transmettre des présentations de *slides*, il faut aussi travailler sur la préparation, les conditions de la réception, le temps de la discussion et de l'assimilation. C'est plus aisé quand il existe un minimum de confiance.

La deuxième clé est de ne pas limiter les modes de communication à l'habituelle présentation *power-point* en grande salle avec un présentateur hypnotisé par ses propres *slides* comme le moustique dans le cône de lumière du réverbère. D'autres moyens existent comme les réunions de service, les « réunions 5 minutes » chaque matin, les mails réguliers sur quelques informations clés. Comme nous le développerons plus loin, la présence physique des patrons et des managers reste, *in fine*, le mode le plus efficace.

La troisième clé est la régularité. En matière de communication, il ne faut pas faire de coups, surtout dans ces situations là. Il faut être régulier, persévérant, en privilégiant la qualité à la quantité.

L'opportunité des chocs salutaires

On avance souvent très vite quand on a l'épée dans le dos. Tous les spécialistes du développement personnel ont essayé de nous donner les clés d'un changement personnel réfléchi, raisonné, décidé, maîtrisé par notre seule volonté. Ils présentent là une vision bien optimiste de la nature humaine qui renvoie à un idéal. Mais la menace et le sentiment de survie font généralement plus que n'importe quel raisonnement serein. Combien de fois a-t-on dressé des listes de bonnes résolutions, sur l'autoroute du retour des vacances : elles ne durent généralement que quelques jours.

Il en va de même sur le plan collectif. Après la deuxième guerre mondiale, le Japon nous a montré l'exemple d'un développement économique et technologique sans précédent, bien que le pays ait été dévasté par la guerre et peu doté en ressources naturelles.

Quand on a faim, quand on est dans le besoin, on trouve généralement les ressources pour survivre.

À n'en pas douter, la crise sera suffisamment forte pour créer des dispositions au changement dans les entreprises. La baisse de l'absentéisme et le respect discipliné des règles qui accompagnent souvent les périodes de difficulté en sont le signe avant-coureur. Il ne s'agit donc pas de laisser passer ce moment. C'est au contraire l'occasion de partager une vision commune de la situation, de canaliser au mieux les velléités d'action dans le but d'une réussite collective. Un potentiel d'énergie apparaît, c'est aux managers de savoir l'utiliser et, de manière plus importante encore, de ne pas le décevoir.

Dans les situations de catastrophe, les professionnels du secours et de l'aide sont parfois gênés par les initiatives désordonnées de ceux qui veulent aider sans savoir le faire : ils perturbent les *process* bien huilés des experts diplômés du secours qui sous-estiment beaucoup la déception et le ressentiment de ceux qui, commençant à s'ouvrir et à réagir, n'ont pas été entendus ni pris en compte.

Le manager a donc une responsabilité majeure, celle d'entendre et de prendre en compte ces bonnes dispositions : c'est le moment idéal de remettre en perspective un fonctionnement collectif.

Le carburant de l'implication

En période de crise on voit très vite la différence entre les entreprises « cigales », qui n'ont pas travaillé à maintenir un niveau élevé d'implication en leur sein, et les

« fourmis » qui y ont porté continûment l'effort nécessaire. Les premières se sont laissé aller aux modes managériales, à l'illusion d'une gestion des ressources
humaines outillée et sophistiquée, aux facilités contrac-
tuelles d'une relation trop individualisée entre les
personnes et l'entreprise, quand ce n'est pas à la rationalité à court terme d'une GRH *low cost*.

Les politiques d'implication fonctionnent sur le long
terme, mais n'oublions pas que les apprentissages de
longue durée sont remis en cause par l'arrivée de la
crise et qu'il n'est jamais trop tard pour considérer que
l'engagement sera la ressource indispensable pour la
dépasser. En effet, l'implication permet de surmonter
les périodes troublées. Chacun a connu des entreprises
en difficulté disposant du financement et du *business
plan* leur permettant normalement, sur le papier, de
dépasser les difficultés : pourtant le manque d'engagement des personnes les en a empêchées, alors que
parfois, même sur un terrain économique apparemment
bouché, il permet de surmonter l'obstacle.

Les managers ont une vraie responsabilité sur ce plan, ils
doivent veiller à ce que les conditions nécessaires à son
émergence soient satisfaites. Conditions qu'il est bon de
rappeler car elles éclairent ce que devrait être la pratique
des managers. La première de ces conditions est la
cohérence : comment les personnes pourraient-elles
s'impliquer si elles ne comprennent pas ce qui se passe ?
On l'a dit, le besoin de compréhension est d'autant plus
fort que la situation est perturbée. Si les managers ne
savent pas tout, ils peuvent néanmoins partager des
visions, les mettre à jour et communiquer également sur
leurs questions.

La deuxième condition est la *réciprocité*. Elle est remplie dans le quotidien des politiques de ressources humaines comme les rémunérations. En période de crise, les décisions en matière de salaires, de gestion des carrières ou de traitement des problèmes personnels sont plus difficiles à prendre. Il est alors d'autant plus important qu'elles traduisent une certaine équité. Mieux, l'expérience du travail est avant tout relationnelle : la réciprocité découle aussi de la qualité des relations humaines au travail qui sont d'autant plus importantes que la confusion et la menace de la crise envahissent les esprits.

La troisième condition est l'*appropriation*. On s'implique si l'on se sent un peu « propriétaire » de sa situation de travail. Il ne s'agit pas simplement d'une appropriation juridique mais aussi affective. Il est très important que, dans des situations de crise où d'autres organisations et modes de fonctionnement sont à construire, cette appropriation puisse se faire. Cela passe par les méthodes de décision et de concertation utilisées.

Lorsqu'on présente ces conditions, on nous dit souvent qu'il n'est pas facile de trouver des actions concrètes et des opportunités pour les satisfaire : avec la crise, toutes les occasions sont là, le problème c'est de les saisir !

L'impératif de l'ouverture

En situation de crise, le repli est une réaction naturelle alors qu'il faudrait au contraire s'ouvrir. Facile à dire mais plus difficile à faire. Sur le plan individuel, chacun a le réflexe de se calfeutrer quand les temps deviennent difficiles. C'est encore plus vrai sur le plan collectif, puisqu'il devient dangereux de se faire remarquer quand tout semble aller mal. Plus encore, les situations de crise ont ceci de particulier qu'elles envahissent totalement l'espace et le champ de vision. C'est le second théorème du marteau : quand on a un marteau, tout problème a tendance à devenir un clou. Puisque la crise existe, elle devient l'explication de tout, on ne lit plus qu'à travers son prisme. Ce sentiment est d'autant plus fort que l'information à l'extérieur, les réunions qui se succèdent en interne, les décisions urgentes qui se prennent ne font que renforcer l'impression que rien n'existe en dehors de la crise.

Pourtant, il y a un monde à l'extérieur, il y a les secteurs qui marchent bien grâce à la crise, ceux qui continuent presque normalement. La recherche continue, tout comme les occasions d'innovation qui sont encore plus nécessaires. Le temps de la crise, dans sa brutalité, ne s'impose pas immédiatement au reste des activités sociales et économiques. Il y a donc des opportunités à saisir dans ces décalages.

Il est alors important de garder la tête hors du trou, de regarder ce qui se passe à l'extérieur. La dernière mode en matière de management est de considérer qu'une équipe doit être tournée vers l'extérieur[1], cherchant en permanence à maintenir un lien efficace avec son environnement, à chercher des opportunités et des idées, à viser un objectif de pertinence et d'intégration dans un ensemble, plutôt que de ne travailler qu'à une performance locale.

---

1. Ancona D., Bresman H., *X-Teams*, Harvard Business School Press, 2007.

© Groupe Eyrolles

Il s'agit également de développer des activités de veille. La crise a été brutale ; de cette rapidité même peuvent émerger de nouvelles chances. Plutôt que de faire le gros dos et de regarder le sol, les périodes de crise appellent à sortir, à faire de la veille dans son secteur d'activité et au-delà, mais aussi en interne. Les nécessités d'ajustement sont de bonnes occasions pour rétablir des interactions plus fortes entre différentes entités de l'entreprise que la routine du quotidien avait éloignées.

Le soutien de la stabilité

Pour changer, il faut paradoxalement beaucoup de stabilité. On a tellement communiqué sur la nécessité du changement, jusqu'à en faire la valeur absolue, que l'on en oublie cette évidence. Sur le plan personnel, on parvient souvent à surmonter de grandes difficultés quand on a le soutien de quelques convictions, principes et valeurs qui permettent de ne pas être aveuglés par l'actualité et la profondeur des problèmes. Seules ces références permettent de prendre du recul et de trouver les ressources nécessaires pour surmonter les obstacles.

Il en va de même pour les entreprises qui peuvent puiser dans les ressources de leur culture afin de faire face aux problèmes : faire avec leur environnement et maintenir la cohésion interne. Quand on parle de culture ou de valeurs on ne parle pas des valeurs déclarées, qui ne valent que d'être dites ; on pense plutôt aux valeurs opérantes qui fondent les comportements humains, le plus souvent inconsciemment. Une approche trop superficielle de ces questions de culture et de valeurs pourrait rebuter tous ceux qui n'y voient déjà plus qu'un instrument artificiel pour imposer des visions sans aucun fondement. C'est alors du premier théorème du marteau dont il s'agit : quand on se tape sur les doigts avec un marteau, ce n'est pas de la faute de l'outil…

La culture n'est pas le seul élément stable. La qualité des relations en est également un. Le maintien de relations à l'intérieur de l'entreprise avec toutes les parties prenantes est aussi un élément de stabilité. En ces temps d'urgence, nombreux sont les dirigeants qui s'enferment dans la *war room* face aux cartes d'état-major alors qu'ils devraient passer plus de temps autour des feux de camp auprès des grognards…

La stabilité se trouve également autour de rites et de célébrations qui marquent la permanence d'un collectif. On comprend qu'il faille agir symboliquement pour couper des dépenses somptuaires, insupportables dans des temps de crise. Mais cela ne signifie pas qu'on doive supprimer les événements. Ce n'est pas parce que l'on a moins d'argent que l'on ne fête plus Noël ! Au contraire, toutes ces célébrations collectives devraient même tenir encore plus de place, surtout si elles se font avec moins de moyens matériels mais plus d'authenticité dans les relations.

Fort de ces principes, il s'agit maintenant de voir comment manager dans le cadre de la crise en multipliant les points de vue. En effet, il ne faudrait pas voir cette situation difficile comme un nouveau poids sur les épaules des managers. Depuis quelque temps, on les charge avec des obligations nouvelles − comme s'ils étaient les nouveaux esclaves des temps modernes, quand ils n'en sont pas les boucs émissaires. Atteinte des objectifs, respect des normes et des valeurs, prise en compte des personnes, motivation des salariés, attention au bien-être et à l'équilibre de leurs salariés, prévention du stress, du harcèlement et des suicides, etc. On s'étonne ensuite que plus personne ne veuille manager !

Un bon management en situation de crise, c'est pour les managers une autre manière d'aborder leur travail, et aussi d'autres perspectives à de nombreux niveaux. La suite de ce livre tentera de montrer à quel niveau et de quelle manière le management dans son entier doit-il être repensé compte tenu du contexte et des éléments que nous avons mis en lumière.

Chapitre 9

La nouvelle place de l'entreprise au sein de la cité

L'entreprise – avec cet impropre singulier – n'a pas forcément bonne presse, comme le montrent les différentes enquêtes d'opinion réalisées sur le sujet. Toutes les réflexions sur la responsabilité sociétale et sociale des entreprises sont particulièrement nécessaires et utiles, mais en situation de crise, elles deviennent cruellement indispensables. Par rapport à la société, et pour cesser d'avoir cette *place ambiguë,* l'entreprise devra prendre des *décisions symboliques* et se montrer *citoyenne* afin de rester un lieu de stabilité possible.

Une place ambiguë dans la société

Comme nous le disions plus haut, l'entreprise reste un monde inconnu ou, pire, un monde sur lequel beaucoup ont des idées définitives sans même connaître le début de la réalité. La crise peut vite faire de l'entreprise un bouc émissaire.

Au début 2009, beaucoup s'offusquent des licenciements en cours en faisant état des bénéfices importants réalisés par les entreprises en question. Il y a là un effet d'optique que les commentateurs ne peuvent avoir négligé : la crise a été tellement brutale dans beaucoup de secteurs qu'elle ne se ressent pas encore dans les comptes de 2008. Mais le point intéressant est ailleurs. De la même manière que l'on tue souvent les annonciateurs de mauvaises nouvelles, les entreprises apparaissent comme les premières responsables des décisions difficiles. Ces licenciements sont un drame pour les familles concernées et l'environnement économique local. Mais n'est-il pas encore plus important que des décisions soient prises pour que les capacités de rebond puissent être saisies le moment venu ? Nous ne sommes plus à la fin des années 1970, début des années 1980, quand le contribuable avait les moyens de payer les conséquences catastrophiques de décisions non prises dans la sidérurgie durant la décennie précédente. En ayant refusé de voir la réalité, en n'ayant pas osé agir dans un consensus parfait entre entreprises, syndicats et autorités politiques de l'époque, nous avons connu la terrible crise que les contribuables ont payée pendant des années.

Nous avons là un état de fait : les entreprises vont apparaître comme des responsables de la crise, même si on les accusait quelques mois plus tôt de vouloir changer et rationaliser. On pointera les grandes figures médiatiques, patrons de grandes entreprises, responsables de grandes fraudes comme le maintenant célèbre Bernard Madoff. On aura tôt fait de jeter le bébé avec l'eau du bain. Les protestations de 2009 vilipendent les entreprises dans l'une de ces généralisations dont l'histoire sociale raffole. Beaucoup de patrons de PME trouveront totalement injuste que de tels procès leur soient faits, alors que la très grande majorité s'évertue chaque jour à tenir leurs échéances, et à retarder le plus possible les dégraissages quand l'activité n'est plus au rendez-vous. Il y a peu de recettes à donner, si ce n'est de ne jamais oublier que l'entreprise a cette place ambiguë dans la société : on en attend tout, même si l'on tolère mal ses profits ! Localement ou globalement, il y a une ligne de crête difficile à tenir entre la discrétion indispensable alors que souffle le vent de la révolte, et le strict respect de ses obligations citoyennes.

Les décisions symboliques de l'entreprise

Il est incontestable – et cela a déjà commencé – que l'entreprise doive prendre des décisions importantes et symboliques en ces périodes de tourmente. Par symboliques nous ne prétendons pas qu'elles soient dérisoires ou trompeuses, mais tout simplement, au vrai sens du terme, qu'elles diffusent du sens. Au premier plan de celles-ci intervient évidemment la question de la rémunération des dirigeants – et des fameux bonus pour les institutions financières.

Au début 2009, on a déjà vu nombre de mouvements à ce sujet avec le cas des dirigeants des banques qui abandonnent une partie de leur parachute doré, ou qui continuent à travailler pour 1 $, comme ce célèbre patron de l'industrie automobile américaine. Daniel Bouton avait déjà revu sa rémunération à la baisse lors de l'affaire Kerviel. Les rémunérations outrancières sont moralement discutables bien qu'elles comptent finalement peu à côté des pertes subies sur les marchés ou des baisses de bénéfices dues à l'arrêt de l'activité. Mais la portée de ces décisions se situe sur un autre plan.

Dans le même ordre d'idée, les entreprises sont amenées à couper des dépenses fortement symboliques quand elles apparaissent futiles. Il en va ainsi de beaucoup de parrainages sportifs ou culturels qui peuvent donner une image de légèreté insupportable en ces temps difficiles.

Une petite station de Haute-Savoie se plaignait en décembre 2008 de ne pouvoir organiser le championnat du monde d'une discipline avatar du ski, du fait des coupes budgétaires des entreprises marraines : il n'en allait pourtant que de quelques dizaines de milliers d'euros. Mais on imagine la réaction des salariés, des syndicats, des collectivités locales concernés par les difficultés d'entreprises dont ils voient le nom à la télévision à propos de tels divertissements…

L'entreprise citoyenne

La gestion de ces actions symboliques pose cependant des problèmes importants pour l'entreprise qui veut rester citoyenne. En effet, ces coups d'arrêt ne font qu'accroître la crise des autres. La petite station de ski ne pourra payer les saisonniers recrutés pour l'événement, les hôtels et les restaurants du village n'embaucheront pas, et c'est toute l'économie locale qui s'en trouvera affectée. Il faut donc beaucoup de doigté pour gérer ces mouvements brutaux. Là encore, une vision claire de ses valeurs pérennes et de ses objectifs à long terme peut éviter à l'entreprise de prendre des décisions trop drastiques pour la seule bonne conscience de les avoir prises.

L'entreprise est également citoyenne parce qu'elle constitue, dans ce monde bouleversé, un lieu de stabilité possible. Une fois encore, des secteurs sont fondamentalement remis en cause comme, pour l'instant, l'immobilier et l'automobile. Mais beaucoup d'autres sont touchés sans que leur existence même soit pour autant en danger. À l'heure où les institutions de notre société ont été tellement mises à mal, on peut se demander si l'entreprise n'a pas le devoir de jouer ce rôle de havre, sinon de paix, du moins d'une certaine permanence. Pouvoir donner une vision d'avenir, le réconfort des projets et la qualité de relations de confiance, c'est aussi un des rôles de l'entreprise citoyenne vis-à-vis de ses salariés, de leurs structures affectivo-partenariales, des fournisseurs et des collectivités locales. C'est la responsabilité de l'entreprise de jouer ce rôle ; c'est même une opportunité.

Un dernier aspect de l'entreprise citoyenne dans la crise est sa participation nécessaire à quelques grands enjeux sociaux et sociétaux, encore plus importants dans une société bousculée par la crise. Prenons-en deux exemples.

Le débat sur les difficultés des entreprises et sur les plans sociaux a pris de l'ampleur. Dès la fin de l'année 2008 – et pour ne pas risquer d'être dépassés par la contagion possible des événements de Grèce, attisés en France par un fond de contestation lycéenne – les politiques et les syndicalistes ont mis en avant le risque de licenciements et les conséquences de la crise pour les salariés. On a, en revanche, trop peu parlé de ces dizaines de milliers de personnes non embauchées en intérim. Elles viennent pourtant de subir la double peine. À la suite des mesures incitatives au développement des heures supplémentaires, la prime aux gens en place a fonctionné à fond et on a vu s'effriter le nombre d'intérimaires. Puis la crise est arrivée, poussant les entreprises en première mesure à arrêter tout travail temporaire au profit des salariés présents. On comprend la logique : l'égoïsme collectif et la prime aux présents ont souvent prévalu. Mais il est peut-être de la responsabilité de l'entreprise, quitte à froisser les salariés en interne et leurs organisations syndicales, de ne pas couper toute utilisation de main-d'œuvre extérieure. Il en va, là encore, d'une responsabilité vis-à-vis de la société.

Il existe un deuxième sujet sur lequel les entreprises ont une responsabilité sociétale qu'elles ne peuvent abandonner malgré la difficulté des temps : la diversité des salariés. On aura remarqué que ce sont en général des entreprises en pleine forme qui prennent le plus d'initiatives à ce sujet (ou du moins communiquent dessus) : il est tentant de plier tous ces projets quand la situation économique est difficile. Il y a pourtant toujours des décisions qui continueront de se prendre pour muter, promouvoir, rémunérer, former, organiser le travail au quotidien. Là encore, un seul principe devrait guider l'entreprise, exactement comme celui qui guide les personnes qui gèrent les grèves : il ne faut jamais oublier qu'il y a une vie après la crise. Elle se prépare dès maintenant.

Chapitre 10

Les nouvelles valeurs du management

Nous avons jusque là montré les limites de quelques principes – explicites ou le plus souvent implicites – qui fondaient les pratiques de management. Il s'agit maintenant de les présenter sous un angle positif : quels nouveaux principes devraient fonder nos approches ? En effet, il ne s'agit pas, pour les managers, de chercher d'autres techniques, outils ou méthodes dont ils ont mesuré l'inefficacité depuis longtemps. Pourtant, la tentation va naturellement exister. Quand on est en situation difficile, on est prêt à croire n'importe quoi, n'importe qui, pour peu qu'il apporte quelque espoir de salut. Mais la solution ne viendra pas des outils, même si beaucoup essaieront d'en vendre. La solution est d'un autre ordre : savoir poser un nouveau regard sur les choses. Le management n'est pas qu'un ensemble de techniques et il devient urgent, en période de crise, de revoir quelques principes de base qui président aux pratiques mises en œuvre.

Cinq principes guideront cette nouvelle approche :

– tout faire pour développer la créativité et l'innovation et ce, sur tous les plans, pas seulement pour

trouver de nouveaux produits mais aussi pour s'organiser différemment ou améliorer les modes de travail ;
– faire du symbolique ;
– sortir de la naïveté du « retour à l'éthique » ;
– travailler sur les liens et les cohérences ;
– être là, parce que rien ne remplace la présence physique.

Favoriser l'innovation

C'est un impératif. La crise peut devenir une opportunité pour l'innovation, mais encore faut-il que le management sache profiter des bons courants qui peuvent la porter. La chance de l'innovation ne vient pas seulement de ce que le besoin de survie contraint à se remettre en cause, comme dans toutes les situations dangereuses de l'existence où l'on se découvre des forces et des capacités de réaction insoupçonnées. La crise permet de se débarrasser des habitudes acquises dans les périodes de stabilité dont on peut au moins noter trois exemples.

Se débarrasser des vieux réflexes

Le premier est le benchmarking. Il est terrible que cette démarche, certes nécessaire, se soit progressivement imposée comme la nouvelle frontière du management. Comme si la source du succès était de se comparer. Cela ne va pas de soi, comme le dit très bien la sagesse populaire : « Quand je me vois, je me désole ; quand je me compare, je me console ». Il est nécessaire de savoir ce que font les autres, surtout les bons, et de réfléchir en permanence à ses propres manières de faire. Mais l'envahissement de ce réflexe de comparaison peut aussi conduire à s'enfermer, à jouer du tableau Excel, plutôt que de chercher de nouvelles idées. Quoiqu'il en soit, en cas de crise, cette démarche peut s'avérer plus difficile et même insuffisante pour relever les défis. Les autres n'ont pas forcément les solutions, on n'a pas le temps d'attendre leurs bonnes idées pour commencer à se bouger.

S'il était besoin d'un exemple des dérives du benchmarking, on pourrait prendre les réactions en chaîne en ce début 2009 quand chacun observe l'autre pour être certain de couper assez dans les budgets. On ne compte plus les entreprises qui arrêtent les investissements en ressources humaines alors que leurs carnets de commandes sont pleins pour l'année. On le fait pour ne pas prendre le risque de se voir reprocher de ne pas l'avoir fait. Les tenants du principe de précaution peuvent être satisfaits : on a tellement voulu prendre de précautions que l'on a généré encore plus de crise…

Le second exemple est le management du changement. Tous les principes en la matière renvoient à des situations où on a le temps, où il y a quelques références solides dans l'environnement et où on sait à peu près dans quelle direction on va. En temps de crise ces présupposés ne fonctionnent plus. La notion du temps change complètement. Tout peut aller plus vite. Cela ne signifie pas que tout puisse aller n'importe comment : rapidité mais pas précipitation. Il faut donc apprendre une nouvelle échelle de temps, dont le seul instrument de mesure est l'état d'implication des personnes.

Dans ces périodes, les organisations les plus lourdes savent parfois changer très rapidement dans des domaines jusque-là apparemment immuables. C'est souvent la tétanisation du corps social qui le rend possible. Il n'est pas facile dans ces situations de profiter de son avantage, d'utiliser le manque de réaction pour ne pas aller trop loin.

Le troisième exemple est la chance unique, offerte par la crise, de remettre en cause des outils de management dont on mesure mieux les effets pervers. On va enfin pouvoir se débarrasser des méthodes de *discounted cash-flow* qui conduisent à comparer la situation où on investit à celle où on ne ferait rien. C'est un raisonnement trompeur car quand on ne fait rien soi-même, cela ne signifie pas que les concurrents restent passifs. De la même manière, un raisonnement en coût marginal conduit, quand on cherche du cash, à prolonger les vieux équipements et à laisser de côté des innovations possibles. Et dans des situations de très forte incertitude, la place peut être prise par des créatifs, qui ne cherchent plus à réagir à la situation mais à occuper le terrain avec de nouvelles idées. La crise, en remettant tout à plat, permet de prendre ses distances vis-à-vis de ces modes d'évaluation qui ont leur rationalité mais aussi des effets désastreux pour l'innovation. On est plus enclin à prendre cette distance quand la crise et l'impératif de changement sont là.

Les conditions de l'innovation

Concrètement, favoriser l'innovation peut se traduire par trois conseils généralement donnés par les spécialistes : diversité, décentralisation et indépendance.

La référence à la *diversité* n'est pas qu'un sacrifice obligé au « managérialement » correct. C'est le rassemblement de personnes suffisamment diverses pour pouvoir croiser des points de vue et des approches et ainsi favoriser une créativité efficace. Le champ de la diversité est très étendu : sexe, origine ethnique, âge, milieu familial, formation de base, type d'expérience (terrain ou état-major), convictions philosophiques et religieuses, etc. Mais la diversité n'est pas une partie de plaisir. Il est toujours plus aisé de fonctionner avec des clones : la tendance au communautarisme générationnel en est un bon exemple dans les entreprises quand jeunes ou vieux se retrouvent systématiquement avec leurs contemporains. C'est une tâche managériale importante qui demande tact, volonté et savoir-faire. Mais l'innovation est à ce prix. Introduire de la diversité dans le management consiste donc à revoir les modalités pas toujours explicites de gestion des carrières, de promotion ou de recrutement. Cela nécessite aussi de s'ouvrir à la diversité la plus difficilement admise en période de crise : ouvrir les portes de l'entreprise à l'extérieur, alors que chacun trouve juste de ne favoriser et de ne protéger que ceux qui sont dedans.

La *décentralisation* est une autre nécessité. Par là, il faut entendre un mode de fonctionnement où tout ne remonte pas au centre, qui prévoit des entités dotées d'autonomie et de responsabilité. L'innovation est à ce prix, elle requiert d'accepter des pôles différents, des initiatives isolées, du « multilatéralisme » comme on dit en géopolitique. Mais cela pose deux problèmes antagonistes :

– la difficulté à maintenir de la cohérence dans la décentralisation, car en période de crise, les dirigeants, eux aussi, ont besoin de se rassurer avec une approche harmonieuse : trop décentraliser déstabilise ;

- les tendances qui incitent à centraliser pour mieux gérer le cash, les RH ou les coûts. Là aussi, le sentiment de maîtrise et de contrôle répond mieux aux besoins des dirigeants. Maintenir suffisamment de décentralisation s'avère alors une gageure.

L'*indépendance*, enfin, renvoie à l'attitude des personnes dans leur situation de travail. Elle signifie que celles-ci restent elles-mêmes avec un minimum d'authenticité, d'originalité, de fraîcheur et d'affirmation de soi. Là encore, la crise n'y prédispose pas toujours. Elle conduit plutôt au conformisme : quand les vents sont mauvais, il peut paraître utile de se faire oublier. De même que les candidats deviennent de plus en plus lisses pour se faire recruter sur un marché de l'emploi difficile, beaucoup de salariés considèrent que la meilleure tactique est de faire le gros dos, d'attendre que le vent passe, de ne pas se faire remarquer. Cette attitude est d'autant plus courante que, dans leur vie personnelle, la crise qui les entoure – même si leur entreprise n'est pas touchée – a remis profondément en question leurs valeurs et leur vision du monde. Après la première guerre du Golfe au début des années 1990, la première vraie crise sur le marché de l'emploi des cadres accréditait l'idée que l'équation « compétence = emploi » ne fonctionnait plus. Dans la crise d'aujourd'hui, il est à craindre qu'une autre de ces hypothèses de base vole en éclat : « investissement + carrière + travail = niveau de vie assuré ». Autant dire que dans des situations pareilles, il devient difficile de rester indépendant d'esprit pour nourrir l'innovation.

Il y a donc un réel challenge pour le management à assurer un bon mariage entre les opportunités ouvertes par la crise et les handicaps qu'elle génère au même moment pour l'innovation. Là encore, c'est la pratique managériale qui va devoir innover.

Faire du symbolique

« L'appel de sens »

Le management est toujours symbolique. Le problème est que, en situation de croisière, on l'oublie en se prenant à imaginer que le principe actif de son action relève uniquement de la rationalité des outils mis en œuvre et des décisions prises. Pourtant, le management véhicule toujours du sens. Particularité des situations de crise : le besoin de sens et de compréhension est très fort. Comme il y a un appel d'air quand vous ouvrez imprudemment la porte d'un appartement en feu, il y a un appel de sens… Le moindre geste, la plus petite décision, toutes les attitudes deviennent signifiantes quand on cherche à comprendre et à se rassurer.

Le meilleur exemple de ces actions symboliques est la suppression des dépenses somptuaires, conventions, voyages ou autres formes de sponsoring dont le retour sur investissement n'est pas certain, ou dont la destination pourrait sembler trop futile en période de vaches maigres. Les modes de rémunération de certains dirigeants ou des stars de la finance de marché sont également remis en cause. Mais au-delà de ces mesures générales, c'est dans chaque secteur de l'entreprise que sont contestées des dépenses qui ont beaucoup de sens pour l'entité en question : reporter un changement de machine, arrêter un projet, ne pas renouveler le contrat d'intérimaires que l'ancienneté dans le service avait littéralement intégrés.

Mais, quand on est dans l'ordre du symbolique, il ne suffit pas de quelques actions d'éclat, comme si l'on faisait une aumône nécessaire sans se préoccuper du reste. Dès que l'on commence à remettre en cause des dépenses dans une course au cash qui caractérise, voire suffit à décrire, les stratégies des entreprises aujourd'hui, il s'agit de savoir en fonction de quels critères. Voilà le vrai problème du management symbolique : comment ajuster un budget de formation, ? Comment adapter une politique de recrutement ? On peut arrêter net, comme c'est déjà le cas dans certaines entreprises. Mais on sait que dans les grandes entreprises, on doit recruter. En fonction de quels critères ? C'est dans ce genre de détails que le management symbolique devient difficile : non pas dans la décision spectaculaire, mais dans la gestion au quotidien des exceptions à ces grands principes vertueux. L'évolution des politiques de rémunération en ces périodes troublées est un sujet critique. Tout le monde comprend qu'elles soient freinées étant donné la situation financière. Mais comme une politique de rémunération est, *in fine*, un ensemble de décisions individuelles, les comparaisons, les jalousies, les ressentiments sont encore plus probables.

Le problème du management symbolique en temps de crise, ce n'est pas de faire du symbolique, c'est de considérer que toute action comporte toujours cette dimension. Il ne suffit pas d'actions spectaculaires et de continuer à travailler normalement à côté : de la même manière qu'il ne suffit pas d'offrir des fleurs pour transformer une relation… On se trouve alors devant un abîme de perplexité, car nombreux sont ceux, dans nos entreprises, qui restent cois quand on leur demande ce que doit être le sens de leur action. Ils ne savaient pas pourquoi ils couraient, ils le savent encore moins quand ils ont dépassé, dans leur élan, l'extrémité de la falaise. On se met à entendre à nouveau les vieilles rengaines consistant à « donner du sens », mais encore faut-il en avoir pour pouvoir en donner. En effet, il n'en va pas seulement d'actions de communication spectaculaires, mais aussi de la qualité morale des dirigeants qui, seuls, peuvent et doivent incarner ce « sens ». La dernière affaire Madoff qui occupe l'actualité en janvier 2009 peut laisser sans voix à cet égard.

Les Buts d'Ordre Supérieur

Il existe cependant une piste pour aborder cette question du sens : le retour des BOS. Par BOS, nous entendons les buts d'ordre supérieur. On peut distinguer trois grandes manières d'agir dans une organisation. La première est la contrainte, plus ou moins violente : on la trouve dans l'esclavage, dans la perversion du harcèlement ou les pratiques de tous ces managers toxiques aujourd'hui stigmatisés. La seconde est la routine, à laquelle nous ont habitués les traditionnelles organisations bureaucratiques, quand il suffit de suivre les règles et les procédures pour être efficace : celles-ci n'appartiennent pas au passé mais à l'actualité de ces vingt dernières années au cours desquelles on n'a cessé de vouloir automatiser, normaliser et « *processiser* » le fonctionnement. La troisième est le projet, la perspective, le sens d'une mission, d'une œuvre ou d'un horizon à atteindre. Les BOS relèvent de cette troisième catégorie.

Ils situent les tâches et défis du quotidien par rapport à des finalités plus lointaines, plus hautes, dotées d'un sens plus pérenne quant à l'identité et à la raison d'être de l'entreprise. Ces BOS ne sont pas remis en cause chaque matin en fonction des aléas de la conjoncture : même dans des situations de crise profonde, ils demeurent.

Il faut savoir où les chercher. Il en existe trois types principaux. Le premier concerne le métier, ce que l'on sait faire, la raison d'être même de l'entreprise, sa capacité d'apporter à son environnement. Le second concerne les clients : c'est à eux qu'est destiné le produit de l'activité. Ils devraient toujours demeurer dans la perspective des actions. Le troisième but d'ordre supérieur tient à ce qui lie les personnes au sein de l'entreprise, une sorte de référence partagée.

Si la crise pousse à l'activisme dans la mesure où il faut être certain de ne pas prendre de retard dans l'action, il n'est pourtant pas inutile de passer un peu de temps à retrouver et à partager ces BOS que la routine précédente a fait oublier. Il existe une modalité acceptable du repli sur soi qu'on a déjà évoqué : quand il conduit à revenir au lien social fondateur et aux références solides qui permettent de se ressourcer et de surmonter les difficultés. En période de crise, on voit réapparaître les théories anciennes de la « destruction créatrice », comme si les crises faisaient disparaître des activités, donc des entreprises, pour en laisser fleurir de nouvelles. Cette analyse est pertinente au niveau macroéconomique mais il ne faudrait pas en tirer la conclusion que le sens de l'Histoire les fait systématiquement disparaître pour en laisser germer de nouvelles. C'est aussi au niveau de chaque entreprise que cette création peut se produire, pour autant que l'on utilise les ressources de la culture afin de faire face aux enjeux.

Sortir de la naïveté du « retour à l'éthique »

Dans les situations de crise apparaît fréquemment un message qui réconforte et/ou panique beaucoup dans les entreprises : le retour à l'éthique. Pour les observateurs extérieurs, ce peut n'être qu'un moyen de parler quand on n'a rien à dire. Devant autant de complexité d'un côté et devant cet abîme de perplexité et d'incompétence de l'autre, il est facile de dire que les questions de fond sont les questions de morale (ou plutôt d'éthique, c'est la même chose, en grec, et beaucoup plus politiquement correct). Propos réconfortant parce que l'on a l'impression d'avoir enfin réussi à trouver le paradigme censé mettre le débat au bon niveau. Mais c'est paniquant parce qu'une fois cela dit, il n'est pas facile de savoir ce que l'on doit faire !

On fait comme si l'on était auparavant dans une situation sans éthique alors qu'il faudrait en mettre maintenant. Comme si l'éthique était un ingrédient à ajouter dans une recette de cuisine. Comme si l'éthique n'était qu'une étiquette à apposer sur les nouvelles situations. Ce n'est pas la réalité. Avant la crise, à l'époque où tout semblait aller normalement, l'éthique était déjà là ; toutes nos actions relevaient de principes et de valeurs dont on n'était pas forcément conscient : ce genre de questions sur le sens des choses ne surgit qu'en période de crise ou de malheur, c'est humain.

Revenir à l'éthique serait considérer qu'il y a eu un âge d'or où elle régnait : toujours le même paradigme que l'on retrouve en permanence dans l'Histoire. Si cela avait existé, la première question ne serait pas d'y revenir mais de s'interroger sur les raisons qui ont conduit à s'en éloigner.

Ainsi, le problème en l'espèce n'est pas de mettre de l'éthique en conservant la même approche de mécanisme, de reproduction et de changement dénoncée plus haut. Le vrai problème est plutôt de remettre en cause les références traditionnelles, les valeurs qui nous ont guidés jusque là. Dire aux entreprises de revenir à l'éthique, c'est comme demander à un fumeur d'arrêter de fumer : cela paraît tellement simple, juste une série de comportements à abandonner ; la difficulté est de passer d'une situation d'addiction à une situation de sevrage.

Or, nous venons de vivre des années où, dans de nombreux compartiments de notre vie sociale, la dimension éthique n'était jamais abordée – par manque de culture, de bon sens anthropologique ou simplement par faiblesse de croire que tout peut être maîtrisé. Se poser des questions d'éthique, c'est s'interroger sur le sens de ses actes et sur les références qui nous guident en la matière, en tant que dirigeants, managers, salariés, consommateurs ou citoyens. Il y a un moment où chacun doit descendre de son Aventin.

Des flèches plutôt que des boîtes

Un schéma simple représente bien la problématique du changement[1]. Il montre des types d'actions constitutives de tous les processus de changement, inscrits dans des

---

1.   Thévenet M.,Vachette J.-L., *Culture et Comportement*,Vuibert, 1992.

« boîtes » en langage *power-point*. Il existe trois catégories d'actions :

- les actions sur les valeurs, missions, guides ou autres références qui donnent un cadre et une perspective aux actions de changement, mais aussi au fonctionnement courant de n'importe quelle organisation ;
- les systèmes, règles, structures et procédures qui formalisent des manières de faire, des interactions entre activités, des process de travail ;
- la relation managériale qui renvoie à la relation entretenue par les managers avec leurs collaborateurs, quelle que soit la forme de ce management : verticale, horizontale ou transversale.

La théorie et l'observation des organisations au quotidien nous apprennent qu'aucune action particulière, qu'elle ressorte à l'une ou l'autre de ces trois catégories, ne mène systématiquement à un succès ou à un échec. Ce qui fonctionne efficacement dans un endroit ne réussit pas dans un autre et réciproquement. Cela remet en cause les tentations de chercher la molécule du succès, la panacée du management et la formule magique du business. On s'aperçoit également que l'échec des démarches de changement vient souvent d'un surinvestissement dans l'une ou l'autre de ces trois catégories d'actions. On diffuse des valeurs en imaginant que le seul fait de les proférer va convertir les personnes et modifier leur comportement. On sophistique et multiplie à outrance des outils et des techniques de management en espérant qu'ils vont garantir l'efficacité. On se repose sur des managers responsables en rêvant qu'ils prendront sur leurs épaules l'ensemble des problèmes opérationnels.

En revanche, on observe une influence réelle sur les comportements quand ces trois niveaux d'actions sont convoqués d'une part, et quand il existe une réelle cohérence entre eux d'autre part. Cela peut s'exprimer en langage *power-point* de la manière suivante : les trois niveaux d'action sont reliés entre eux par des flèches qui mettent en valeur la cohérence des actions entreprises, ce seulement si :

1 - la cohérence entre les valeurs et les systèmes est assurée. Quand on parle de valeurs, on n'entend pas par là les valeurs déclarées, comme on dit à la douane en rapportant un tapis de Marrakech, mais plutôt ces valeurs réelles de l'entreprise, opérantes d'une part et pertinentes vis-à-vis des problèmes rencontrés par l'entreprise d'autre part ;

2 - on s'est assuré auparavant que les managers pouvaient ET voulaient mettre en œuvre ces trois types d'action.

La conjonction de ces deux conditions est nécessaire.

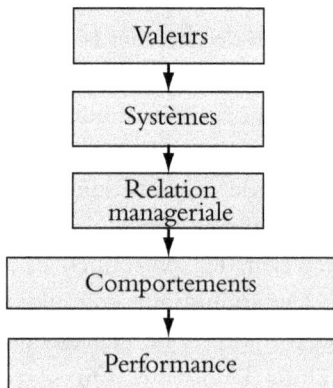

Ainsi, le problème du changement, ce sont les flèches et non les boîtes. Mais dans les organisations, on passe plus de temps et d'énergie à travailler sur les boîtes que sur les flèches : on se perd en toute sorte de communication sophistiquée pour diffuser des valeurs, on s'égare dans la technicité infinie des systèmes mis en œuvre, on en rajoute sans cesse sur les épaules des managers, mais on consacre peu d'effort sur la mise en tension de ces niveaux de cohérence. Tester en permanence la cohérence est une posture. Dans ce domaine, le chemin est plus important que la destination parce qu'au plan organisationnel comme au plan personnel, la cohérence n'est jamais réellement et définitivement atteinte.

Le schéma, forcément simplificateur, s'applique assez bien au niveau central d'une organisation. On imagine la clarification de la stratégie, la vérification des systèmes mis en œuvre permettant réellement de renforcer leurs valeurs profondes. Enfin, on comprend que la qualité des systèmes se heurte à la capacité et à la volonté des managers de les utiliser. La même approche s'applique au niveau décentralisé d'une entité ou d'un service, quand on ne perd pas son temps à essayer de comprendre les présentations reçues de la direction de la communication, ou quand on ne fuit pas toute communication au sein d'une entité de travail. C'est ce que vont devoir faire à peu près toutes les entités au moment de réajuster des budgets à la baisse ou de réorganiser les activités avec moins de personnes : dans des situations pareilles, ce qui fera le succès, c'est le travail sur les flèches plutôt que sur les boîtes…

Être *là* (en deux lettres)

Il s'agit maintenant d'en arriver au plus difficile, probablement, en matière de nouveaux principes de management à faire valoir en temps de crise : il faut être présent. C'est un impératif pour les dirigeants mais aussi pour tous les managers. Communiquer est facile, on a suffisamment de professionnels pour vous y aider. La présence est difficile parce que l'on n'en a ni l'habitude, ni le temps quand il y a autant d'urgences, ni forcément l'envie. Pourtant, toutes les belles stratégies optimistes et mobilisatrices, toutes les opérations de communication, toutes les bonnes intentions des dirigeants face aux difficultés nouvelles se briseront immanquablement sur l'obligation de la présence.

Depuis quelques années, les chercheurs se sont beaucoup intéressés à des formes de management qui ne correspondent pas à cet idéal, finalement peu fréquent, d'entreprises qui fonctionnent selon un rythme régulier et une vitesse de croisière : réalisation de projets, services d'urgences dans un hôpital, actions de commando ou réalisation de shows télévisés en direct en sont autant d'exemples. Le point commun au mode de leadership conseillé dans ces cas-là est que les leaders doivent assurer une vraie présence physique ! Ceci est encore plus vrai dans des situations de crise où l'on est sous pression, dans l'incertitude et le besoin de dynamisation.

On n'a pas appris à être présent, ou on l'a désappris, notamment quand on appartient aux générations qui ont connu, en guise d'expérience du collectif, le zapping de la relation dans une succession de socialisations éphémères, quand on veut et où on veut, ce qui se traduit surtout par « pas de relation quand on ne le veut pas ». Tout le monde ne sait pas que les affinités ne sont pas toujours électives et que toutes nos relations, si elles exigent droits et obligations, ne peuvent se réduire à ceux à qui on a délibérément décidé de les circonscrire.

Certains ont aussi désappris la relation à force de se laisser aller au charme du management à distance considéré comme moins perturbant et plus maîtrisable. Ils se sont abandonnés à la tentation technicienne, à la séduction irrésistible des outils de communication à distance qui donnent l'impression d'être en relation tout en s'échauffant les pouces et sans la pression de la relation à l'autre. Quand on s'est habitué à converser par *Blackberry* avec son voisin, il n'est pas facile de franchir à nouveau la porte de son bureau. Tout le monde se satisfait à dire que la communication est indispensable en situation de crise : c'est bien un problème et pas une solution.

Une deuxième difficulté tient au fait d'être présent : on n'en a pas le temps. Dans les situations tendues, il faut revoir les plannings et les budgets, réorganiser, suivre opérations, projets ou clients au jour le jour. Il faut en plus explorer d'autres pistes, ressortir des projets des cartons, rendre visite aux clients pour récupérer du cash, aux prospects pour créer d'autres marchés. Il n'y a guère que les banquiers que l'on aurait tendance à fuir. Devant de tels enjeux et urgences, la présence est d'autant plus difficile à assurer. Il est banal de dire que les problèmes de temps se traduisent en fait en problèmes de priorités. Ces derniers renvoient aux choix personnels et non à un outil ou à une organisation quelconque.

Enfin, il faut l'avouer : on n'a pas envie d'être présent. La relation aux autres n'est pas forcément un plaisir. On ne passerait pas forcément un week-end avec les collègues. Il est vrai que les pots ou autres célébrations sont toujours un moment agréable. Mais, en ces temps de crise, on se pose beaucoup de questions sur soi-même et son avenir : quand, en plus, il faut se confronter aux angoisses des autres, à leur demande insistante d'informations et de réassurance, c'est émotionnellement difficile à tenir. Dans ces situations, les gens ne croient pas les managers, quelle que soit leur sincérité. Ils ne vous croient pas plus que vous ne croyez votre propre patron quand il essaie de répondre à vos questions. On peut comprendre que certains aient voulu réduire le coût des réceptions pour les vœux en ce début 2009. Ceux qui les ont supprimés ont eu tout faux : c'était justement l'année où ils étaient nécessaires pour créer enfin une occasion de rencontre. Et pour les dirigeants et managers eux-mêmes, ils pouvaient constituer un moment de convivialité : il y en avait certainement besoin.

Chapitre 11

Les nouvelles pratiques de management

Si l'on veut se donner les moyens de sortir de la crise, il faut avoir l'audace de renouveler les pratiques de management dans l'entreprise. On ne doit jamais négliger le fait que tous les acteurs de l'entreprise sont concernés par l'évolution des pratiques managériales, mais il faut insister sur la nécessité de l'implication de la direction générale et sur celle du retour aux sources des valeurs, notamment au niveau de la Gestion des Ressources Humaines.

La direction générale : l'exemplarité toujours

Elle est l'incarnation de la mission de management dans l'entreprise ; à travers les grandes décisions qu'elle est amenée à prendre, la direction générale est une figure emblématique de ce qui se fait dans l'entreprise. C'est une banalité d'affirmer que l'implication de la direction générale est cruciale dans toute démarche de changement : tous les livres de management le disent depuis des décennies. Par personne, ce n'est contesté – ni d'ailleurs appliqué. On le répétera donc encore à propos des conséquences de la crise, à ceci près que, cette fois, trois petites nouveautés, trois légers déplacements s'avèrent plus subtils et plus difficiles à faire qu'à dire.

Une direction générale engagée

Tout d'abord, il s'agit de considérer la partie symbolique évoquée plus haut. Modifier des modes de rémunération, couper dans quelques dépenses somptuaires, savoir distinguer entre ce qu'il est indispensable ou non de garder, voilà une vraie politique. On ne peut se permettre des actions univoques sans prendre le risque d'entraîner les conséquences classiques de la terre brûlée. La position de la direction générale doit être claire : c'est d'abord vers elle que chacun se tournera pour repérer les informations fortes sur la réalité de l'entreprise et son évolution possible. En effet, beaucoup de politiques devront être revues, comme les rémunérations, la gestion de l'emploi ou l'organisation. En période de crise, il est indispensable que la direction générale y mette clairement sa marque. La crise est l'époque où l'on a besoin de voir des engagements, des prises de position : on n'attend pas seulement le énième exercice technocratique de refonte organisationnelle, comme si on payait à nouveau pour détruire les organisations dans lesquelles on a investi quelque temps auparavant.

Un bon exemple est donné par les systèmes de rémunération. Ces derniers vont devoir évoluer, mais ils n'en doivent pas moins conserver des principes d'équité. Comment faire en sorte que ces principes, vraisemblablement modifiés par la situation de crise, aient une crédibilité que seule la direction générale peut assurer ?

Il ne s'agira plus alors d'arrangements avec le consultant en systèmes de rémunération, mais d'un véritable engagement et du portage de valeurs d'autant plus réelles qu'elles concernent la rémunération.

Management à tous les étages

Le management n'est pas une activité réservée au premier niveau au-dessus des personnels d'exécution. Le management, il y en a à tous les étages, exactement comme le gaz. Et c'est aussi l'affaire de la direction générale. Le plus souvent, lorsqu'on parle management dans les entreprises, la direction considère qu'il ne vaut que pour le bas.

L'exemplarité de la direction générale est une évidence, mais en situation de crise et de forte incertitude, elle doit d'autant plus nettement être mise en œuvre que tout mouvement ou toute absence de mouvement de la direction générale aura des effets dévastateurs.

Récemment, une entreprise décidait d'interrompre ses programmes de formation pour managers pour des raisons d'économie de trésorerie. On peut le comprendre, mais à la suite d'une telle décision, il parut évident à beaucoup de membres de la direction que ces rassemblements de managers relevaient du passé ; ils ne sont même pas venus saluer les participants et montrer l'intérêt qu'ils leur portaient. Ces derniers ont eu le sentiment que non seulement leur formation n'intéressait plus, ce qu'ils comprenaient étant donné les difficultés, mais que leur personne même n'avait plus beaucoup d'importance : c'était là plus difficile à accepter dans une situation où les énergies pourraient si facilement se mobiliser avec un peu de considération.

Il est donc bien question pour la direction générale de mener des actions et politiques entreprises. Les comportements des dirigeants prennent une importance considérable quand l'attente de décryptage est forte. Il est frappant de voir comme ils ne parviennent pas – par timidité parfois, par manque d'intelligence des relations humaines aussi – à mesurer l'incidence auprès des autres de leurs moindres comportements : comme si seules leurs décisions comptaient. Il y a indéniablement à apprendre en la matière : la crise n'est pas le meilleur moment, cela aurait pu être anticipé, mais l'expérience montre que l'on n'est souvent jamais aussi efficace que sous la contrainte.

Une présence indispensable

Le troisième déplacement n'est que la conséquence du précédent. La direction générale doit être présente, bien que, en pratique, cela soit difficile pour tous les managers, comme nous l'avons vu plus haut. Pour la direction générale, c'est pourtant capital. Les vœux de début d'année n'ont peut-être jamais été aussi attendus qu'en ce début 2009. Il y avait une vraie opportunité de rencontre. Plusieurs erreurs pouvaient être commises : continuer comme avant parce que les vœux, c'est une tradition et qu'il faut bien un peu de plaisir ou, au contraire, tout arrêter parce que ces galettes que plus personne n'attend coûtent assez cher ? La bonne solution était de maintenir ces rencontres mais en envoyant quelques messages sur la réduction de voilure en termes de coûts : en ces périodes de « cash-cash », on donne l'exemple mais pas au prix ni au détriment des rencontres nécessaires.

Le Gestion des Ressources Humaines :
le retour aux sources

Fonction centrale destinée à mettre en musique les droits et obligations réciproques des salariés vis-à-vis de l'entreprise et de l'entreprise vis-à-vis des salariés, la GRH est soumise en période de crise à de fortes tensions entre les nécessités de continuité et les nécessités de changement. Le management ne se résume pas à la relation interpersonnelle, c'est aussi un système coordonné d'actions et de décisions qui concernent les personnes, leur rémunération, leur statut, leur carrière ou leur vie au travail. C'est la mission de la GRH. Le film *Ressources Humaines*[1] a stigmatisé de manière restrictive et démagogique le rôle d'une fonction écartelée entre des discours violoneux et des pratiques de réduction des effectifs. En période de crise, la GRH devrait au moins se transformer en profondeur à trois niveaux.

Éviter les dérives technocratiques

Le premier axe consiste à abandonner une dérive technocratique qui en a fait une fonction très professionnelle mais de plus en plus éloignée des réalités humaines du travail et du fonctionnement des organisations. Ces quinze dernières années, les plus gros investissements en matière de GRH ont été consacrés aux systèmes d'information et à la mise en place de progiciels de plus en plus sophistiqués qui permettent de maîtriser le fichier des personnes, de traiter leurs problèmes d'horaires, d'absences pour maladie et de congés. On s'est même laissé aller à externaliser des fonctions

---

1. Film de Laurent Cantet, sorti en France en 1999.

© Groupe Eyrolles

comme l'information des salariés sur leur situation personnelle, maintenant confiée à des centres d'appel éloignés. Finalement, on a l'impression que la fonction RH s'est souvent fourvoyée dans les mêmes errements que les fonctions commerciales. Celles-ci sont cependant en train de mesurer les effets pervers de ces approches gestionnaires à courte vue quand on externalise des centres d'appel sans aucune maîtrise de l'implication des opérateurs. Les gestionnaires se satisfont de pouvoir ainsi traiter le plus efficacement possible les 95 % de problèmes les plus banals des clients. Ils oublient simplement que ce sont les 5 % d'insatisfaits qui cassent irrémédiablement une image auprès de votre marché.

Il en va de même avec les ressources humaines. Ne plus avoir de contrôle des congés qu'*a posteriori* par un manager qui les suit sur son logiciel, prendre le risque de mettre des salariés en situation difficile dans leurs relations électroniques avec les organismes sociaux alors que les personnes malades sont les plus fragilisées, faire disparaître toute possibilité de contact physique avec ceux qui s'occupent d'un dossier personnel, toutes ces situations correspondent à la naïveté candide des bandes dessinées des années 1960, quand on imaginait un monde technicisé et sans frottement à l'horizon des années 2000. Ce n'est pas la réalité. On peut comprendre que ces modes de gestion automatisée soient efficaces pour traiter la situation de jeunes diplômés à haut potentiel et en bonne santé. Mais dès que les problèmes surgissent, cela ne fonctionne plus.

En situation de crise, les personnes ont encore plus besoin de réassurance et d'ordre, nous l'avons répété tout au long de cet ouvrage. Ce n'est pas une gestion des ressources humaines sur ordinateur qui permet de les apporter. En situation de crise au contraire, cette dépersonnalisation des rapports, cet éloignement d'un *Big Brother* qui gère votre situation peut devenir insupportable. Les personnes se rendent alors compte que ce qui était banal en situation normale n'est plus possible.

De l'audace dans la gestion des carrières

Le problème, avec cette trop forte technicisation et dépersonnalisation de la fonction, est qu'il ne s'agit pas seulement d'outils, mais de la nature de l'approche des problèmes de ressources humaines par les professionnels qui en sont chargés. Ces dernières années, à l'abri de la croissance, des perspectives ouvertes par la démographie et avec le secours des outils, ils ont renforcé une approche mécaniste de leur métier qui ne les prédispose pas à tenir compte des réalités anthropologiques mises à nu dans le contexte d'une crise.

Cette posture aura des conséquences importantes dans la mise en œuvre de politiques très concrètes autour des ressources humaines. Ces dernières années, la prise en compte de la personne est revenue sous des formes inattendues comme celle des « talents ». De nombreuses raisons expliquent cette émergence, comme par exemple les limites atteintes par les démarches de gestion des emplois et des compétences qui se sont épuisées à force de vouloir se techniciser, s'outiller, se systématiser. Mais les talents, en période de crise, doivent revenir à leur véritable définition. Il ne s'agit pas de trouver un terme plus sophistiqué pour « haut potentiel » toujours un peu méprisant pour les « bas potentiel ». Le nouveau problème est plutôt de dégager les combinaisons rares de compétences propres à répondre aux trois impératifs de la crise : l'innovation, l'implication, la qualité des relations.

Il en va de même pour la gestion des carrières. L'impératif de la GRH, c'est de soutenir le climat social d'une part, de préparer la renaissance d'autre part. Cette sortie de crise se fera par de nouvelles personnes, dans de nouveaux cadres. La gestion des carrières, c'est alors le repérage des personnes, l'utilisation de toutes les réorganisations nécessaires pour coller à l'activité et promouvoir les généraux de guerre – qui peuvent être très différents des généraux de paix. Dans ce contexte, la gestion des personnes et des carrières n'est plus la simple reproduction de ce que l'on faisait, l'extrapolation des tendances lourdes, mais plutôt la novation, l'audace.

Vers de nouveaux critères de la diversité

Une troisième piste concerne la diversité. Il ne s'agit plus de la tendance molle de la GRH à se couler dans la guimauve du politiquement correct, mais plutôt l'obligation de se confronter à la réalité. Cet accent mis sur la diversité peut prendre trois formes.

La première consiste à ne pas arrêter sans inventaire toutes les initiatives prises ces dernières années dans le souci louable d'assumer une *responsabilité sociétale.* On sait que ce genre de politiques menées en situation de bonne santé économique peut voler en éclats dès que les vents de l'économie sont contraires.

La deuxième consiste à participer activement aux *obligations nouvelles de l'entreprise dans la Cité* telles que nous les avons présentées plus haut. Quand la société entière est en crise, l'entreprise a quelque responsabilité vis-à-vis de son environnement immédiat. Cela devrait normalement se traduire par des politiques actives de recrutement dès qu'il y a un sursaut d'activité, ou des occasions de choix de stagiaires ou d'intérimaires.

La troisième est sans doute la plus difficile à mener. La liste des critères de la diversité est infinie. On cite toujours l'origine ethnique et le sexe ou l'âge. Mais la diversité devrait également considérer les types d'études, à un moment où les questions de compétences ne sont plus évidentes à repérer. Un dernier critère risque de s'avérer encore plus difficile à prendre en compte : la diversité entre les présents et les extérieurs. Il existe un risque très fort, en période de crise, de ne gérer les situations qu'au profit des présents. On le voit en permanence dans des accords d'entreprises sur la modification des conditions de statut ou de rémunération : en général, on le fait de manière à ce que les présents, les gens en place, ne soient pas affectés, les nouvelles mesures ne devant toucher que ceux qui ne sont pas encore là. Étant donné la demande sociale au sein de l'entreprise, on peut facilement tomber dans ce travers éternel de favoriser les gens en place au détriment de ceux qui sont sans visage. Cela se remarque dans des politiques très banales comme le recrutement de stagiaires, le développement de la cooptation, terme plus « managérialement » correct que celui de népotisme, etc. Pour lutter en faveur de la diversité entre les gens en place et les autres, les responsables de ressources humaines vont avoir besoin de beaucoup de courage.

Chapitre 12

Accepter le rôle de manager

Le management dans la crise est évidemment le problème des managers. Nous parlons bien des managers et non du management car, dans ces situations difficiles, cette fonction a plus que jamais besoin d'être incarnée pour ne pas se satisfaire de simples outils ou postures artificiels.

Qui doivent-ils être, comment doivent-ils procéder ? C'est ce que nous allons examiner dans cette partie. Il faut redire qu'il y a management dès que des personnes sont chargées de coordonner le travail d'un collectif pour produire des résultats. Les managers ne sont donc pas seulement ceux qui sont en première ligne, contremaîtres ou chefs d'équipe, pas seulement ceux qui en ont le titre ou le statut. La mission de management est aussi confiée aux chefs de projet ou aux responsables de structures transversales. C'est aussi la mission de la direction générale, et même de ces présidents apparemment lointains mais dont les pratiques, même transformées en légendes, deviennent emblématiques dans l'entreprise.

Il y a trois niveaux d'action ou de politique à adopter : celui du *choix des managers* en période de crise. Tout le monde n'est pas fait pour être manager dans les temps de grandes difficultés ; celui des *rôles* que les managers doivent jouer, surtout dans une période critique où ils sont amenés à développer de nouvelles responsabilités les impliquant davantage ; celui du *développement de leurs compétences*.

Tout le monde n'est pas fait pour être manager

Les entreprises ne comptent plus les managers. Elles ont souvent cédé à l'habitude américaine d'accorder ce titre à de très nombreuses personnes comme une marque de statut le plus souvent. Mais il faut bien noter que tout le monde ne peut être manager ou, du moins, ce ne sont pas les mêmes qui réussissent dans toutes les situations. Il n'est pas évident que ceux qui sont parvenus à guider et coordonner la croissance dans les périodes de bonne santé économique soient aussi capables de manager dans des temps plus difficiles. Il y a donc bien un problème de choix, et parfois des décisions difficiles à prendre, pour bousculer quelque peu les hiérarchies traditionnelles.

Dans une étude personnelle, nous avions demandé à des managers leurs motivations à assumer cette mission. À cette question ouverte, quatre réponses ont spontanément été apportées. Il y a tout d'abord ceux qui ont voulu devenir managers afin d'échapper à leur quotidien, de gagner plus, de fuir une situation de travail ou bien un patron peu apprécié. Il y a aussi ceux qui cherchent plus de pouvoir, c'est-à-dire une plus grande capacité d'influence sur le cours des événements. D'autres veulent gagner un statut, une position sociale, tant dans l'entreprise que vis-à-vis de leurs proches à l'extérieur. D'autres, enfin, sont mus par le besoin de reconnaissance.

Chacun aura remarqué que parmi ces quatre raisons, il en manque précisément une : devenir manager par envie de s'occuper des personnes, de se frotter au collectif pour produire quelque chose… C'est un vrai problème parce que la crise requiert des managers un investissement personnel plus important dans les relations, dans la maintenance d'un bon climat social, dans le développement de la confiance qui seule permet à une société humaine de se développer. Ceci n'était pas forcément perçu comme un problème quand tout allait normalement, dans les périodes où le pilotage automatique était possible, mais dès que l'on rentre dans la zone des icebergs, on a besoin d'un vrai pilote.

Il est donc clair que tout le monde n'est pas à même de manager dans ces situations. Bien entendu, rien ne vous empêche de vous adapter à de nouvelles circonstances et de modifier votre pratique de management, mais on n'échappera pas au bouleversement profond des hiérarchies. Les entreprises en situation de crise ne peuvent tolérer d'avoir des managers qui n'assument pas ces nouveaux enjeux de leur fonction. Une fois encore, n'oublions pas que le management se situe à tous les niveaux : du plus élevé au plus bas, la question se pose de savoir si les managers en place sont capables – et veulent – assumer ces nouvelles missions.

De nouveaux rôles pour les managers

Dans ces situations de crise, les convictions des managers ne suffisent pas. Il faut aussi un travail concret relevant de rôles très pratiques.

Le premier de ces rôles, pour le manager, est d'être un interprète et un traducteur infatigable auprès de ses collaborateurs. En effet, tout le monde a besoin de comprendre, de savoir ce qu'il ou elle va devenir, de percevoir le sens de ce qui se passe. Dans des situations de crise, on a l'impression que tout est incertain mais nous avons développé plus haut que la perspective, les BOS, les relations humaines sont des moyens de satisfaire partiellement ces besoins.

Encore faut-il que les managers s'investissent dans cette œuvre de compréhension. Si le manager doit faire comprendre, ce n'est pas parce que les politiques de communication des entreprises sont insuffisantes. Le plus souvent, les professionnels de la communication font un travail remarquable avec les outils actuels pour maintenir le niveau d'information de tout le monde. Mais la communication est plus subtile que la simple diffusion d'informations bien organisées dans des présentations irrésistibles sur le plan esthétique. La communication, qui répond à ce besoin d'ordre et de sens, a besoin d'être incarnée et c'est au manager de jouer ce rôle. En effet, il est seul à pouvoir être crédible parce qu'il peut parler un langage compréhensible pour chacun, il peut associer toutes ces informations à la situation particulière de l'équipe, il peut illustrer ce qui se dit et, ce qui est important dans la communication, porter cette fameuse parole performative qui engage celui qui la profère.

Là encore, n'oublions pas que cela concerne tous les niveaux. Il est illusoire d'attendre des managers de premier niveau qu'ils assurent cette mission si ce n'est pas le cas depuis le haut de la hiérarchie. Pour chaque niveau, chacun aura compris qu'il est insuffisant de mettre en place des procédures pour y parvenir. Il ne suffit pas d'une nouvelle note de service, d'un message de la direction ou d'un séminaire pour que les managers acceptent de jouer ce rôle et le fassent effectivement. Développer ce rôle de traduction et d'interprétariat ne dépend que de la volonté des managers d'en prendre l'initiative.

Le deuxième rôle est celui de bricoleur. En période de crise, deux situations peuvent se présenter. Soit on est dans la confusion, les atermoiements et autres hésitations. On cherche alors à survivre et on s'adapte. Le manager prend un rôle important, en dehors de toute ligne claire : celui de « bricoler » ce qui peut l'être afin de faire le mieux possible. C'est le cas dans certaines activités périphériques qui cherchent à survivre. Soit on met en œuvre une nouvelle stratégie de saisine d'opportunités ou de développement dans d'autres directions. Dans ce cas, également, la clarté des nouvelles directions requerra tout autant de la part des managers qu'ils sachent appliquer et mettre en musique au niveau local le sens d'un projet global et qu'ils parviennent à adapter les généralités du global aux complexités et particularités du local. Là encore, cela requiert de l'initiative de la part des managers. Il n'est pas suffisant de le leur prescrire, encore faut-il qu'ils le veuillent. On connaît tellement de situations de crise ou de changement où, faute de cette initiative pragmatique au niveau local, les plus belles stratégies se sont perdues dans les sables.

Le troisième rôle est celui de *passeur d'émotion*. En situation de crise, les émotions sont fortes : peur, tristesse, colère sont souvent plus présentes que le plaisir. On sait que ces émotions peuvent créer le pire ou le meilleur ; c'est au manager d'en être le passeur. On dira passeur, plutôt que « gestionnaire » d'émotions. Gérer des émotions est présomptueux, ce n'est pas en tout cas une nouvelle responsabilité à mettre sur les épaules des managers qui en ont déjà trop. Être passeur d'émotion, c'est lever le bouchon de la cocote-minute pour faire baisser la pression à l'intérieur, c'est servir aussi de punching ball. Le passeur n'essaie pas de travailler sur les émotions, il les reconnaît et les accueille. Ce n'est pas là un langage ésotérique mais le simple constat de ce que chacun fait en rentrant chez lui pour s'apercevoir que des événements forts se sont produits. Il ou elle fait alors en sorte de tempérer ces émois, de conserver une ambiance familiale malgré la puissance émotionnelle des événements. C'est le rôle des managers de faire cela avec, comme nous l'avons dit, une seule tactique : la présence. Une fois de plus, rien ne peut être prescrit en la matière. Tout ne dépend que de l'initiative de chacun.

Le point commun de ces trois rôles, c'est d'abandonner une vision étroite du management se résumant à une liste restrictive de tâches à accomplir dans la rationalité des procédures à appliquer. Ces rôles sont banals, ils relèvent seulement de l'initiative des managers et de leur investissement personnel.

Développer ses compétences de management

Et le manager de s'interroger sur sa capacité à assumer ces rôles et à augmenter sa compétence. Bien entendu, c'est possible. Pour ce faire, il faut sortir de toutes les théories qui ont insidieusement accrédité l'idée que le management ne s'apprenait pas, celles qui conduisent souvent les managers, relisant leur activité, à dire qu'au fond, le management est un don dont chacun aurait la chance d'être, ou non, doté. Prenons le temps de donner quelques exemples de ces approches un peu perverses. Certains disent que les leaders ou managers devraient être visionnaires, voir ce que les autres ne voient pas : que faire quand on constate avec tristesse que l'on ne voit rien ? Quant au leadership ou management charismatique, il évoque un leader face auquel tout le monde lévite : que faire quand vos collaborateurs restent inexorablement rivés sur leurs chaises malgré votre style ?

Non, le management peut s'apprendre, ce qui ne signifie pas que l'on apprenne tous à la même vitesse ni que l'on atteigne tous le même niveau. Le problème est de savoir quoi apprendre. Ce que l'on sait assez bien enseigner, et donc apprendre, c'est à faire du management, animer une réunion, résoudre un conflit, mener un entretien ou une négociation. Mais le rôle de manager, nous l'avons vu, est plus une question d'attitude que de choses à faire. Peut-on alors apprendre à être un meilleur manager ?

Le manager doit savoir que ses comportements constituent sa seule arme. Peu importent ses idées, ses valeurs, son idéologie ou ses bonnes intentions, encore faut-il qu'il agisse correctement. Il est donc important que le manager soit plus attentif à ses propres comportements. Or, quand on est concentré sur l'objectif à atteindre ou le souci d'échapper à une situation difficile, on n'est souvent même pas conscient de ses propres comportements. Toutes les grandes traditions éducatives de l'humanité n'ont jamais conseillé autre chose que d'être plus attentif à ses manières de faire. Le manager peut aussi essayer de comprendre toujours plus avant les raisons profondes de ses comportements et surtout, les conséquences de ses comportements sur les autres. Si manager, c'est tenter d'influencer les comportements pour réaliser quelque chose, le seul « KPI » qui aille est évidemment cet impact. Le management s'apprend. Il ne consiste pas à coller à quelque modèle que ce soit mais plutôt à devenir d'autant plus conscient de ses actions que l'on sait repérer ses erreurs et en pallier les effets.

Conclusion

La crise, le management et moi

La crise impose une nouvelle forme de management au sein des organisations, mais ce n'est pas uniquement le problème des directions générales ou des managers. Le management concerne une situation collective dans laquelle chacun est partie prenante. Si sa qualité peut aider les organisations à surmonter la crise, voire à s'y développer, chacun en est responsable. On entend parfois dans les entreprises des gens se plaindre de mauvaises relations humaines, d'équipes peu intéressantes, d'un contexte humain peu valorisant, comme s'il s'agissait d'attendre que la magie opère et transforme tout. C'est une mauvaise approche : chacun est responsable de la qualité du management, et tous les acteurs de l'entreprise sont concernés par l'évolution des pratiques managériales.

La « décision d'aimer »

Les spécialistes du conseil conjugal ont cette formule intéressante : ils disent qu'une relation amoureuse suit toujours deux étapes. La première est celle de la romance avec sa magie et le sentiment toujours partagé qu'elle est unique ; puis vient la désillusion. Mais une troisième étape est possible : celle de la « décision d'aimer ». Il y a là une sorte d'oxymore entre la rationalité de la décision et la magie de l'amour. Elle évoque pourtant une réalité de toute relation humaine. Il y a des moments où il faut s'engager, travailler soi-même à l'amélioration des relations autour de soi et de la vie collective. Ainsi, les moments de crise ne peuvent se résoudre sans la participation de chacun : ce n'est pas la moindre des difficultés de ce management en période de crise.

Une question d'attitude

On sait qu'en toute situation, l'attitude adoptée par la personne va influencer le cours des choses. Optimisme ou pessimisme, positivité ou négativité, beaucoup considèrent avec ironie que l'on tombe vite dans la méthode Coué. Les limites de ce simplisme sont évidents, et pourtant les récits de catastrophe ou d'accidents montrent que le comportement des acteurs peut permettre de surmonter des situations délicates. Le succès rencontré par la notion de résilience est là pour nous donner un peu d'optimisme à cet égard.

Une bonne illustration nous est apportée par les études du professeur Wiseman[1] sur la chance. Sans chercher à expliquer les mécanismes de la chance, ce dernier constate cependant quelques régularités curieuses quant à son émergence et ses effets : certaines personnes semblent avoir plus de chance que d'autres, manifestant d'ailleurs quelques points communs. En effet, les chanceux s'avèrent plus ouverts aux relations aux autres ; ils

---

1. Wiseman R., *The luck factor*, London, Century, 2003.

se fient plus à leurs intuitions et ils sont également beaucoup plus optimistes en ce sens qu'ils persévèrent. Il est clair que les modes de management traditionnel, dont nous avons pointé les limites dans cet ouvrage, ne prédisposent pas à ces attitudes. Nos organisations semblent fonctionner de manière à pouvoir se passer des relations aux autres, flattant en ce sens les tendances individualistes que chacun connaît. De la même manière, l'intuition n'est pas vraiment le canon essentiel du fonctionnement de nos organisations : il s'agit plutôt de s'en tenir à son analyse rationnelle des choses à coup de benchmarks. Quant à la persévérance, cela fait partie de ces vertus anciennes dont la fiabilité des systèmes de management devraient nous avoir permis de faire l'économie.

Ainsi, chacun à son niveau, dans quelque organisation que ce soit, touché de près ou de loin par la crise, doit s'interroger sur ces attitudes. Si l'on n'adhère pas complètement à la vision optimiste de Wiseman, qui en arriverait presque à insinuer que la chance dépend finalement de chacun, on peut au moins réfléchir aux effets peut-être négatifs de nos comportements vis-à-vis des autres, de l'entreprise, de l'économie ou de la vie en général. Dans un pays dont les enquêtes d'opinion révèlent depuis de longs mois qu'il est saisi par le doute, le manque de confiance en soi, voire l'autodénigrement, cette réflexion n'est pas sans intérêt. Certains soulignent aujourd'hui que les commentateurs en rajoutent dans cette crise, qu'ils martèlent à coups d'informations dramatiques une vision exagérément pessimiste. C'est, là encore, un nouvel avatar de cette théorie du complot qui resurgit comme toujours. Il faut peut-être voir dans cet acharnement médiatique la question plus profonde de la peur qui étreint nos sociétés devant un avenir qu'ils ne savent plus espérer, et c'est ce que propose Dominique Moïsi[1] quand il associe la peur à nos sociétés dans sa *géopolitique de l'émotion.*

L'éthique de proximité au quotidien

Les questions d'éthique reviennent en fait à s'interroger sur ses propres comportements dans la banalité du quotidien. Elles ne sont pas cantonnées aux politiques ou aux actions des plus grands, elles ne peuvent pas non plus être abandonnées aux chartes ou guides déontologiques qui vous font grâce de la nécessité de penser.

Les situations de crise n'imposent pas seulement aux entreprises de revoir leur politique pour choisir la voie étroite entre la nécessité de survivre et de se développer d'une part, de s'occuper de leurs salariés d'autre part et d'être enfin de bons citoyens. Elles posent à chacun la question de ses propres comportements. On sait que des situations de grande incertitude, avec les menaces qui les accompagnent, conduisent parfois au pire, l'Histoire le montre. Mais il n'y a jamais de déterminisme, il reste à chacun la possibilité d'y réfléchir et de s'en garder. C'est tout aussi vrai de ses comportements de citoyen, de membre d'une famille mais aussi de salarié dans une organisation. Dans la manière de gérer son temps, dans le respect ou non de sa conscience professionnelle, dans sa manière de travailler, se pose de façon encore plus aiguë la question du sens et de la responsabilité de ses comportements.

---

1. Moïsi, D., *La géopolitique de l'émotion*, Flammarion, 2008.

Vivre la crise, cela s'apprend !

Une des grandes caractéristiques de la crise actuelle reste, quand même, non sa profondeur − que l'on ne sait encore mesurer avec précision − mais sa nouveauté. Tous ceux qui vivent aujourd'hui cette crise dans les organisations n'ont jamais rien vu de tel. Ils ne peuvent puiser dans les ressources de leur expérience pour y faire face. C'est dire si chacun va devoir apprendre. Concrètement, cela signifie qu'il va falloir aussi se poser, ne pas s'agiter dans le pot de crème, mais revoir ses actions, en mesurer les conséquences, échanger sur son interprétation.

Finalement, la crise va peut-être conduire à s'interroger sur le travail, la vie économique, l'entreprise, non plus dans les canons dépassés d'approches idéologiques vieillies mais dans le souci de construire une vie collective respectueuse. Vaste programme !

Bibliographie

KLEMPERER V., *Journal* (1933-1945), Le Seuil, 2000.

GIRARD R., *Le bouc émissaire*, LGF, Le Livre de Poche, 1986.

MALIA M., BURY L., *Histoire des révolutions*, Tallandier, 2008.

LÉGERON P., NASSE P., « Rapport au Ministre du Travail sur le stress et les risques psychosociaux », mars 2008.

LAWRENCE P.R., NOHRIA N., *Driven : How human nature shapes our choices*, Jossey-Bass, 2001.

ANCONA D., BRESMAN H., *X-Teams*, Harvard Business School Press, 2007.

WISEMAN R., *The luck factor*, London : Century, 2003.

MOÏSI D. *La géopolitique de l'émotion*, Flammarion, 2008.

www.ingramcontent.com/pod-product-compliance
Lightning Source LLC
Chambersburg PA
CBHW071847200326
41519CB00016B/4283